Espírito Santo e Liturgia

Coleção Liturgia Fundamental

- *Liturgia e vida espiritual: teologia, celebração, experiência –* Jesús Castellano
- *Renascer da água e do Espírito: Batismo e Crisma, sacramentos da iniciação cristã –* Pierpaolo Caspani
- *Ministério da homilia –* José Aldazábal
- *Espírito Santo e liturgia –* Adolfo Lucas Maqueda

ADOLFO LUCAS MAQUEDA

Espírito Santo
e Liturgia

Dados Internacionais de Catalogação na Publicação (CIP)
(Câmara Brasileira do Livro, SP, Brasil)

Lucas Maqueda, Adolfo
Espírito Santo e liturgia / Adolfo Lucas Maqueda ; [tradução Paulo F.
Valério]. -- São Paulo : Paulinas, 2020. -- (Coleção liturgia fundamental)

Título original: Espíritu Santo y liturgia
ISBN 978-85-356-4576-7

1. Espírito Santo 2. Liturgia I. Título. II. Série.

19-30766   CDD-231.3

Índice para catálogo sistemático:
1. Espírito Santo : Teologia dogmática cristã   231.3

Cibele Maria Dias - Bibliotecária - CRB-8/9427

Título original da obra: *Espíritu Santo y liturgia*
© *Centre de Pastoral Litúrgica, Barcelona, 2018.*

1ª edição – 2020

Direção-geral: *Flávia Reginatto*
Editores responsáveis: *Vera Ivanise Bombonatto e*
Antonio Francisco Lelo
Tradução: *Paulo F. Valério*
Copidesque: *Mônica Elaine G. S. da Costa*
Coordenação de revisão: *Marina Mendonça*
Revisão: *Sandra Sinzato*
Gerente de produção: *Felício Calegaro Neto*
Projeto gráfico: *Manuel Rebelato Miramontes*
Capa e diagramação: *Tiago Filu*

Imagem de capa: afresco da cena de Pentecostes na Basílica del Carmim, de 1933,
por Antonio Sebastiano Sílvia. Foto de @ sedmak/ depositphotos

Nenhuma parte desta obra poderá ser reproduzida ou transmitida
por qualquer forma e/ou quaisquer meios (eletrônico ou mecânico,
incluindo fotocópia e gravação) ou arquivada em qualquer sistema ou
banco de dados sem permissão escrita da Editora. Direitos reservados.

Paulinas
Rua Dona Inácia Uchoa, 62
04110-020 – São Paulo – SP (Brasil)
Tel.: (11) 2125-3500
http://www.paulinas.com.br – editora@paulinas.com.br
Telemarketing e SAC: 0800-7010081
© Pia Sociedade Filhas de São Paulo – São Paulo, 2020

Siglas e abreviaturas

Gn	Gênesis
Ex	Êxodo
Is	Isaías
Sl	Salmos
Ct	Cântico dos Cânticos
Mt	Evangelho de Mateus
Mc	Evangelho de Marcos
Lc	Evangelho de Lucas
Jo	Evangelho de João
At	Atos dos Apóstolos
Rm	Carta de Paulo aos Romanos
1Cor	Primeira Carta de Paulo aos Coríntios
2Cor	Segunda Carta de Paulo aos Coríntios
Gl	Carta de Paulo aos Gálatas
Ef	Carta de Paulo aos Efésios
Cl	Carta de Paulo aos Colossenses
1Tm	Primeira Carta de Paulo a Timóteo
2Tm	Segunda Carta de Paulo a Timóteo
Tt	Carta de Paulo a Tito
Fl	Carta de Paulo aos Filipenses
Hb	Carta aos Hebreus

1Pd	Primeira Carta de Pedro
2Pd	Segunda Carta de Pedro
1Jo	Primeira Carta de João
Ap	Apocalipse
AA	Concílio Vaticano II, Decreto sobre o apostolado dos leigos, *Apostolicam actuositatem*, Roma, 07.12.1965
AA.VV.	Vários autores
AG	Concílio Vaticano II, Decreto sobre a atividade missionária da Igreja, *Ad gentes divinitus*, Roma, 07.12.1965
BAC	*Biblioteca de Autores Cristianos*, La Editorial Católica, Madrid 1943
BSR	*Biblioteca di Scienze Religiose*, LAS, Roma, 1971
c.	capítulo
CIC	Catecismo da Igreja Católica
DV	Concílio Vaticano II, Constituição Dogmática sobre a revelação divina, *Dei Verbum*, Roma, 18.11.1965
DS	DENZINGER, H.; SCHÖNMETZER, A. (ed.), *Enchiridion Symboloroum definitionum et declarationum de rebus fidei et morum*, EDB, Bologna 1995⁵ [ed. brasileira, *Compêndio dos símbolos, definições e declarações de fé e moral*, Paulinas, Loyola, São Paulo, 2007]
ed./eds.	editor/editores
ETL	*Ephemerides Theologicae Lovanienses* Uitgeverij Peeters, Louvain-Bruges, 1924
GS	Concílio Vaticano II, Constituição Pastoral sobre a Igreja no mundo de hoje, *Gaudium et Spes*, Roma, 07.12.1965
IGLH	Instrução Geral sobre a Liturgia das Horas, *Intitutio Generalis de Liturgia Horarum*
LAS	Libreria Ateneo Salesiano, Roma
LDC	Libreria della Dottrina Cristiana, Elledici, Leumann-Torino

NRT	*Nouvelle Revue Théologique*, Casterman, Tournai-Lovaini, 1869
ELM	Elenco das Leituras da Missa, *Ordo Lectionum Missae*
OT	Concílio Vaticano II, Decreto sobre a formação sacerdotal, *Optatam totius*, Roma, 28.10.1965
PDV	João Paulo II, Exortação Apostólica *Pastores Dabo Vobis*, Roma, 25.05.1992
PIB	Pontifício Instituto Bíblico
PO	Concílio Vaticano II, Decreto sobre o ministério e a vida dos sacerdotes, *Prebyterorum Ordinis*, Roma, 07.12.1965
QRL	*Quaderni di Rivista Liturgica*, Brescia, 1972
RC	Ritual da Confirmação, Paulus, São Paulo, 1998
RCV	Ritual da Consagração de Virgens, in *Pontifical Romano*, Paulus, São Paulo, 2001
REx	Ritual de Exorcismos, CEE, Madrid, 2005
RICA	Ritual da Iniciação Cristã de Adultos, Paulinas, São Paulo, 2001
RivL	*Rivista Liturgica*, Messaggero, Finalpia/Padova, 1914
RMa	Ritual do Matrimônio, Paulus, São Paulo, 1993
ROrd	Ritual de Ordenação de bispos, presbíteros e diáconos, Paulus, São Paulo, 1997
RP	Ritual da Penitência, Paulinas, São Paulo, 1999
RPR	Ritual da Profissão Religiosa, in *Pontifical Romano*, Paulus, São Paulo, 2001
RUEAP	Ritual da Unção dos Enfermos e sua assistência pastoral, Paulus, São Paulo, 2000
SC	Concílio Vaticano II, Constituição sobre a Sagrada Liturgia, *Sacrosanctum Concilium*, Roma, 04.12.1963
UR	Concílio Vaticano II, Decreto sobre o Ecumenismo, *Unitatis redintegratio*, Roma, 21.11.1964

SUMÁRIO

INTRODUÇÃO 13

CAPÍTULO 1
O CONCÍLIO VATICANO II E O ESPÍRITO SANTO 17

1. Considerações histórico-pneumatológicas prévias............................ 17

2. O Vaticano II, o Concílio do Espírito 20

    2.1 A pneumatologia nos principais documentos conciliares 21

    2.2 Avaliação pneumatológica destes documentos conciliares 23

3. A pneumatologia nos estudos teológico-litúrgicos 24

4. A pneumatologia nos novos livros litúrgicos.................................... 26

    4.1 Conhecimento e estrutura destes livros 26

    4.2 A pneumatologia nos livros litúrgicos..................................... 30

CAPÍTULO 2
O ESPÍRITO SANTO PREENCHE A LITURGIA 33

1. A dimensão ascendente e a dimensão descendente da liturgia........... 34

2. As epicleses do Espírito 36

    2.1 As epicleses dentro da celebração eucarística (em sentido estrito).... 36

        2.1.1 Epicleses eucarísticas anafóricas 36

        2.1.2 Epicleses eucarísticas extra-anafóricas............................. 37

        2.1.3 Quando as espécies eucarísticas ficam consagradas? 38

    2.2 As epicleses fora da celebração eucarística (em sentido amplo).... 41

    2.3 As epicleses extracelebrativas.. 42

3. Os dinamismos pneumatológicos 45

4. A linguagem litúrgica e sua dimensão pneumatológica 47

    4.1 Traços principais do tema pneumatológico 48

    4.2 Principais palavras e termos pneumatológicos 49

    4.3 Gestos 49

    4.4 Elementos típicos ou realidades 50

    4.5 O silêncio 52

CAPÍTULO 3
NA CELEBRAÇÃO LITÚRGICA SE MANIFESTA O ESPÍRITO SANTO 53

1. Pistas litúrgico-celebrativas 54

2. Pistas litúrgico-teológicas 57

3. Pistas litúrgico-vitais 60

4. Cantar a celebração com a voz do Espírito 62

    4.1 O Espírito Santo, único diretor musical 63

    4.2 O canto e a música canalizam e veiculam a ação do Espírito 65

CAPÍTULO 4
O ESPÍRITO SANTO, CHAVE DA PALAVRA DE DEUS 69

1. A Palavra, dom do Espírito Santo 70

2. Presença e ação do Espírito na Palavra 72

3. Dóceis à escuta da Palavra 74

    3.1 A Palavra partida 75

    3.2 A Palavra repartida 77

CAPÍTULO 5
A PRESENÇA E A AÇÃO DO ESPÍRITO SANTO
NA ASSEMBLEIA LITÚRGICA 81

1. A participação dos fiéis 81

2. O Espírito Santo constitui a assembleia litúrgica 85

3. A assembleia litúrgica descobre-se *celebrante* pelo Espírito 88

4. A assembleia litúrgica: *memorial* histórico-salvífico pelo Espírito Santo ... 89

5. A assembleia litúrgica: *visibilização* de Cristo pela força do Espírito . 89

6. A assembleia litúrgica: *canalizadora* da ação do Espírito Santo 90

7. A assembleia litúrgica: uma comunidade *pneumatófora*.....................91

8. A assembleia litúrgica: *Igreja doxológica* para uma vida cultual.........92

Capítulo 6
O Espírito Santo na celebração dos sacramentos.........95

1. Batismo e Espírito Santo..96

2. Confirmação e Espírito Santo.......................................100

3. Eucaristia e Espírito Santo...104

4. Reconciliação e Espírito Santo.....................................105

5. Unção dos enfermos e Espírito Santo...........................108

6. Ordem e Espírito Santo..111

7. Matrimônio e Espírito Santo...115

Capítulo 7
Os sacramentais da Igreja, sopros do Espírito Santo....123

1. O Espírito Santo e a vida consagrada...........................124

   1.1 A virgindade consagrada é dom do Espírito Santo....................124

   1.2 A virgindade consagrada é presença permanente do Espírito....125

   1.3 A vida religiosa, ícone trinitário.............................127

2. O Espírito Santo no exorcismo maior...........................130

   2.1 Exorcismo: atuação eclesial de Cristo, pela força do Espírito Santo...130

   2.2 A presença e a unção do Espírito Santo no Ritual de Exorcismo....132

   2.3 A invocação do Espírito Santo nas fórmulas do exorcismo.......134

      2.3.1 Fórmulas deprecativas...135

      2.3.2 Fórmulas imperativas...136

   2.4 No Espírito Santo se compreende a oração do exorcismo.........138

3. Sois templos do Espírito Santo. A Dedicação das igrejas...............139

   3.1 A Igreja reza e celebra o Espírito Santo.....................140

   3.2 A plenitude em Cristo, templo e altar; o culto em espírito e verdade...141

   3.3 A presença de Cristo e do Espírito Santo no espaço celebrativo....142

   3.4 A oração da Dedicação de uma igreja.........................143

Hinos ao Espírito Santo..149

Introdução

Vivemos imersos em um tecido orgânico inteiramente amalgamado pela Terceira Pessoa Divina, que age transformando tudo com sua presença e ação. Já faz alguns anos que a Igreja ocidental está recuperando a figura do Espírito Santo, ignorada e silenciada durante séculos. Agora, nas pesquisas atuais, estuda-se o Espírito em diversos campos da teologia. Ele tem importância capital na assembleia litúrgica, na celebração, na Palavra de Deus, no ano litúrgico e, até mesmo, nas missões, na Igreja, na história, no cosmos e na vida.

Este livro quer aproximar-nos do Espírito Santo, destacando, principalmente, sua presença e ação na celebração litúrgica. Na realidade, o *Espírito Santo* e a *liturgia* são um binômio inseparável, uma vez que a liturgia, em sua globalidade, é pneumatológica. No entanto, nem todos os estudos que se fizeram sobre a dimensão pneumatológica do culto cristão e sobre a presença e a ação do Espírito Santo na liturgia empregaram o mesmo método e obtiveram os mesmos resultados. O fato de a teologia ocidental, em geral, ter-se esquecido do Espírito Santo também é aplicável à liturgia, especialmente a romana. Por esta razão, no Concílio se deu uma mudança de mentalidade, de modo que falar do Espírito Santo na liturgia é fazê-lo situando-o a partir da história da salvação e em relação com as outras pessoas trinitárias, o Pai e o Filho.

Na história, lá onde se realiza o desígnio salvador de Deus, está o Espírito Santo mostrando sua atividade. Ele identifica-se com a força de

Deus a serviço de seu projeto de salvação. Podemos assegurar que nos salvamos pelo Espírito Santo. Sua presença e ação foram vistas desde o começo da história, e serão vistas até o final dela. Ele está no início da criação (cf. Gn 1,2) e está presente no final, no Apocalipse (cf. Ap 22,17). Intervém no começo da vida humana, quando Deus sopra o alento de vida para formar o homem (cf. Gn 2,7), e intervém na Ressurreição de Cristo (cf. Rm 8,11). Está em acontecimentos surpreendentes depois do dilúvio, quando as águas baixaram (cf. Gn 8,1), quando o mar Vermelho se retirou devido a um forte vento (cf. Ex 14,21), ou na própria morte, quando Deus retira seu sopro do vivente (cf. Sl 32,6). Está no começo da vida pública de Jesus (cf. Lc 4,14), em seu Batismo (cf. Lc 3,21ss), na Cruz (cf. Jo 19,30), em Pentecostes (cf. At 2,1-4), e quando os cristãos recebem o Batismo (cf. Jo 3,5).

O Espírito de Deus continua agindo através da celebração litúrgica, concretamente, na celebração dos sacramentos. Estes constituem acontecimentos de salvação da mesma ordem que os acontecimentos da história da salvação, e da mesma ordem que o acontecimento único de Cristo. Os sacramentos prolongam a obra salvadora de Cristo na Igreja. As grandes ações do Antigo e do Novo Testamento, as grandes proezas realizadas por Deus continuam no tempo da Igreja e prefiguram a escatologia definitiva. Contudo, a presença de Cristo, tal como a do Espírito, está não somente nos sacramentos, mas também na Palavra de Deus, nas espécies eucarísticas, na pessoa do ministro e quando se cantam os salmos (cf. SC 7).

Ao longo destes capítulos, o leitor poderá comprovar esta afirmação da Constituição sobre a Sagrada Liturgia. Na exposição, começo situando o tema do Espírito Santo na história e, concretamente, no Concílio Vaticano II: documentos principais, estudos em torno do Pneuma e livros litúrgicos (c. 1). Continuo explicando termos fundamentais, como dimensão ascendente e dimensão descendente, as epicleses e a linguagem pneumatológica, que nos situam no centro da realidade *Espírito Santo e Liturgia* (c. 2). Passarei a expor a celebração (c. 3), a Palavra

ESPÍRITO SANTO E LITURGIA

de Deus (c. 4) e a assembleia (c. 5) sob o aspecto pneumatológico. Descobrir-se-ão alguns pontos que realmente vale a pena examinar, como, por exemplo: o canto litúrgico, a participação ativa e a palavra *partida* e *repartida*. Também nos capítulos 6 e 7 adentraremos no marco pneumatológico dos sete sacramentos, bem como de três sacramentais: a virgindade consagrada, o exorcismo e a Dedicação de igrejas.

Contudo, espero que este estudo da teologia atual *dê início* a melhor diálogo com as ciências antropológicas, sociais e positivas; *aposte* em uma visão em que o pneumatológico encontre espaço; *supere* o discurso intelectual com outro mais de tipo sapiencial e vital, *conte* com a história, a patrística e a eucologia; e *coloque* a vida em chave litúrgica e em sintonia/sinergia com o Espírito Santo.

Adolfo Lucas Maqueda

Capítulo 1

O Concílio Vaticano II e o Espírito Santo

Seria impossível expor um percurso histórico exaustivo sobre o Espírito Santo neste capítulo. No entanto, é necessário apresentar a situação em que se encontrou o tema pneumatológico ao longo dos séculos, ainda que brevemente. Por isso, em algumas considerações prévias, repassaremos os antecedentes históricos sobre o Espírito Santo antes do Concílio Vaticano II (1963-1965), momento a partir do qual se deu uma *recuperação* na dimensão *pneumato-trinitária*. Este forte impulso conciliar, que se veio gestando desde algumas décadas antes, deu ensejo a uma reflexão teológica apurada, a alguns estudos profundos e ao nascimento de autores-teólogos de muita importância. O tempo da Igreja é o tempo do Espírito; mesmo assim, haverá momentos nos quais ele se torna mais evidente porque sopra onde quer.

1. Considerações histórico-pneumatológicas prévias

Desde as origens do cristianismo, existiu a consciência de que o Espírito Santo guiava, ajudava, santificava e estava presente em cada um dos cristãos e na Igreja. O livro dos Atos dos Apóstolos evidencia a presença do Espírito Santo; além de encontrar-se no íntimo dos Apóstolos e em cada fiel, está no âmbito exterior, quando eles começaram a falar línguas estranhas (cf. At 2,4), quando surgiam *apóstolos* capazes de levar adiante a obra de Deus (cf. At 6,1-7), ou quando apareciam pessoas que tinham o dom da profecia (cf. At 21,10-14). Este dom ou carisma próprio da Igreja é *sintoma* do Espírito Santo. A Igreja Apostólica primitiva era um verdadeiro ícone visível da presença e da ação do Espírito divino.

Nos séculos IV-V, os Padres da Igreja escreveram tratados, homilias e catequese relacionados ao Espírito Santo. Santo Hipólito dirá que *"festinet autem et ad ecclesiam, ubi floret spiritus"* [Que se apresse, porém, em ir à igreja, onde floresce o Espírito],[1] e Santo Irineu escreverá que "onde está a Igreja, está também o Espírito de Deus; e onde está o Espírito de Deus, ali está a Igreja e toda a sua graça".[2] No entanto, muitos outros não deveriam ser esquecidos.[3] Por conseguinte, a pneumatologia dos primeiros séculos representa o início de uma reflexão sobre a fé da Igreja. O cristianismo primitivo elaborou uma excelente pneumatologia, oferecendo algumas preciosas formulações sobre o Espírito Santo.

Na Idade Média, concretamente, esse entusiasmo foi decaindo, principalmente em todo o Ocidente, chegando a certa *despreocupação* pelo tema da Terceira Pessoa Divina, provocado, entre outras coisas, pelo cisma entre Roma e Bizâncio, no ano 1054. O Oriente, por outro

---

[1] SANTO HIPÓLITO, *Tradição apostólica*, n. 35.

[2] IRINEU DE LIÃO, *Adversus Haereses*, III, 24,1.

[3] Para uma boa visão da pneumatologia patrística, consultem-se: I. ORTIZ DE URBINA, *Nicea y Constantinopla*, ESET, Vitoria 1969; J. P. MARTÍN, *El Espíritu Santo en los orígenes del cristianismo*, Pas-Verlag, Zurich 1971; J. L. FERNÁNDEZ, *Pneumatología de san Cirilo de Jerusalén*, Madrid 1974; L. LADARIA, *El Espíritu Santo en san Hilario de Poitiers*, EAPSA, Madrid 1977; G. L. PRESTIGE, *Dios en el pensamiento de los Padres*, Secretariado Trinitario, Salamanca 1977; M. GUERRA, *La pneumatología en los Padres da le Iglesia*, Aldecoa, Burgos 1983; C. GRANADO, *Ele Espíritu Santo en la teología patrística*, Sígueme, Salamanca 1987; C. I. GONZALEZ, *El Espíritu Santo en los padres griegos*, Porrúa, México 1996.

Espírito Santo e Liturgia

lado, limitou-se a repetir quanto o Concílio de Constantinopla havia dito sobre o Espírito Santo, sem acrescentar nada mais a respeito de sua origem, natureza e missão, mas se alimentou do Espírito Santo e degustou-o intensamente na liturgia, na arte, nos escritos, no canto e na espiritualidade. Isto não quer dizer que o Espírito Santo *tenha deixado de existir* para a Igreja ocidental. O Espírito sempre esteve na liturgia, embora não houvesse uma reflexão sobre ele. Ademais, durante a Idade Média, compuseram-se os cantos do *Veni Creator Spiritus* e o *Veni Sancte Spiritus*; o primeiro, como hino litúrgico dedicado ao Espírito Santo e atribuído a Rábano Mauro, arcebispo de Mogúncia, no século IX, e o segundo, de Estêvão Langton, em 1228, como sequência cantada na missa de Pentecostes. Nasceram novas ordens religiosas como sopro do Espírito. Entretanto, em geral, a Igreja de Rito Romano buscou mais uma ciência de Deus assegurada na parte teológica e sistemática.

Teremos de ir ao final do século XIX e, principalmente, no século XX para observar novamente um progresso significativo no desenvolvimento pneumatológico. Vai-se forjando certa mudança de mentalidade e orientação teológica. A origem dessa transformação proveio de três vertentes: a *bíblica*, a *eclesial* e a *cultural*. Estes três fatores compenetram-se mutuamente: de um lado, o retorno às fontes da Sagrada Escritura e da grande tradição patrística; de outro, a integração dos problemas e correntes do tempo. O movimento litúrgico nasceu ao redor da abadia beneditina de Solesmes (França), cujo promotor foi Prosper Louis Pascal Guéranger (1805-1875). Suas ideias foram propagadas por Odo Casel (1886-1948), Romano Guardini (1885-1968), J. A. Jugmann (1889-1975) e Louis Bouyer (1913-2004), como principais expoentes deste movimento. Todos eles buscaram uma espiritualidade autêntica, orientada para Cristo, distanciando-se de muitas formas doutrinais e piedosas herdadas dos séculos passados.

Além do movimento litúrgico, surgiram outros grupos que originaram uma mudança de mentalidade na Igreja, como o movimento juvenil católico, os movimentos carismáticos e pentecostais, o movimento bíblico, o apostolado secular e os começos do movimento ecumênico. Este último provocou um avanço e aumento de estudos pneumatológicos para a Igreja latina.

Do ponto de vista magisterial, temos as publicações das encíclicas *Divinum illud munus*, de 1897, em que Leão XIII apresentou, propriamente, a presença e a ação do Espírito Santo na Igreja; *Spiritus Paraclitus*, de 1920, de Bento XV, que tratou temas relacionados com a Bíblia; e *Divino Afflante Spiritu*, de 1943, de Pio XII, com grandes ressonâncias bíblicas e eclesiológicas e com uma rica teologia sobre o Espírito Santo, mas sem chegar a uma plena pneumatologia.

Contudo, será preciso esperar o Concílio Vaticano II para que a atenção, a preferência e o florescimento do pneumatológico se plasmem *oficialmente* na Igreja ocidental.

2. O Vaticano II, o Concílio do Espírito

No dia 25 de janeiro de 1959, João XXIII (1881-1963), na *Basílica de São Paulo Extramuros*, anunciou uma tríplice convocação: um Sínodo para a diocese de Roma, um Concílio Ecumênico e a reelaboração do Código de Direito Canônico. O Concílio foi o que teve mais relevância e onde se concentraram todas as forças e energias.

A ideia do Papa para o desenvolvimento deste Concílio não era elaborar nem reformular definições doutrinais, nem condenar erros, mas simplesmente um *atualizar-se*, um renovar-se, um introduzir a Igreja em um novo período da história. Dito de outra maneira, *um estar em sintonia com os sinais dos tempos.*

O Concílio foi uma bênção do Espírito Santo. Foi denominado, com exatidão, de *novo Pentecostes*, quando se abriram as janelas para renovar a Igreja com ar novo e fresco;[4] alguém o chamou até mesmo de

---

[4] CF. JOÃO XXIII, *Epist. Cat. Oecumenicum Concilium (23-IV-1962), Acta ante (=Acta et Documenta Concilio Oecumenico Vaticano II apparando. Series I: antepreparatoria).*

ESPÍRITO SANTO E LITURGIA

o Concílio do Espírito Santo.[5] Na realidade, todos os concílios o são, uma vez que o Espírito Santo age sempre na Igreja como *alma* e *princípio vivificante e animador*.

No entanto, este Concílio foi algo diferente: renovou-se o modo de fazer teologia, colocou-se o Evangelho no centro, e o olhar voltou-se para as fontes do cristianismo. O teólogo Congar resumiu esta afirmação, dizendo: "Se a Igreja quiser aproximar-se dos verdadeiros problemas do mundo atual, deve abrir novo capítulo de conhecimento teológico e pastoral".[6]

Por isso, os documentos que se elaboraram tiveram novo enfoque e mentalidade, colocando em chave trinitária o que se fez e, portanto, acentuando a vertente pneumatológica.

2.1 A pneumatologia nos principais documentos conciliares

O papa Paulo VI observou que a expressão *Espírito Santo* é citada aproximadamente 258 vezes nos textos conciliares oficiais.[7] Esta cifra não é concludente para qualificar que um Concílio seja pneumatológico. Dever-se-á esperar a publicação de todos os documentos para se poder afirmar algo assim. Por exemplo, vejamos o que dizem as quatro constituições conciliares sobre o Espírito.

a) A Constituição dogmática *Dei Verbum* (DV), promulgada no dia 18 de novembro de 1965, tem uma orientação marcadamente trinitária. Nos primeiros números, destaca-se o Espírito como o revelador do Pai; revelação que chega de modo pleno com o envio do Espírito Santo. A tradição vai crescendo na Igreja devido à sua assistência e presença.

---

[5] H. URS VON BALTHASAR, *Spiritus Creator*, Saggi teologici III, Morcelliana, 1983, 209.

[6] Y. CONGAR, *Situación y tareas de la teología de hoy*, Salamanca 1970, 89s.

[7] PAULO VI, "Audiência Geral de 23 de maio de 1973", *Ecclesia* 33 (1973) 5-6.

b) A Constituição Pastoral *Gaudium et Spes* (GS), promulgada no dia 7 de dezembro de 1965, também ficou situada no marco trinitário. O Espírito Santo aparece em chave de *ação* e *protagonismo*; ele é quem forja a família de Deus.[8]

c) Além do mais, o Espírito Santo *direciona*[9] *e impulsiona*[10] *o Povo de Deus, a Igreja, em sua marcha peregrinante para o Pai.*

d) Na Constituição Dogmática sobre a Igreja *Lumen Gentium* (LG), promulgada no dia 21 de novembro de 1964, aparecem vários pontos referidos ao Espírito Santo. Em primeiro lugar, vem apresentado como *o enviado* pelo Pai e pelo Filho; como o *santificador* (cf. LG 4); como *vivificador* de almas e corpos (cf. LG 13); como *inabitação*, pois o Espírito ora em nós e por nós, e dá testemunho de nossa filiação adotiva (cf. Gl 4,6; Rm 8,15-16 e 26). Por outro lado, explica-se o conceito da *assistência* do Espírito como carisma de verdade, ou seja, que foi enviado para aumentar as verdades (cf. LG 34). E é denominado *sinal de unificação*, visto que une a Igreja na disposição exterior do ministério e da hierarquia e na disposição interior da comunicação de graça e "doador de carismas", de dons e de frutos. O Espírito Santo é *perenidade sempre jovem* e sustentáculo da realidade escatológica (cf. LG 48).[11]

Por último, a *Constituição Litúrgica Sacrosanctum Concilium* (SC), promulgada no dia 4 de dezembro de 1963, foi a primeira aprovada pelo Concílio. Com este documento, a liturgia recupera seu lugar teológico, situando-se dentro da história da salvação. Os estudos realizados pelo

---

[8] Vejam-se os números: GS 37,4; 40,2; 43,3; 45,2; 92,1.

[9] Cf. GS 1; 3; 21,5.

[10] Cf. GS 10,2; 38,1; 43,6; 44,2; 78,4; 93,1.

[11] Para uma leitura comentada a este respeito, cf. "Concílio Vaticano II. Constitución sobre la Iglesia", *BAC* 253 (1966) 1084.

Espírito Santo e Liturgia

movimento litúrgico e seus objetivos se cumpriram com a promulgação desta constituição.

Contudo, a SC esqueceu-se quase por completo do Espírito Santo. Menciona-o apenas concisamente quando fala da economia da salvação (cf. SC 5), da missão apostólica (cf. SC 6) e da vida sacramental (cf. SC 6). Mas não diz nada sobre ele nos momentos fundamentais, como são a presença de Cristo em sua Igreja (cf. SC 7) e a Eucaristia (cf. SC 47-58).

2.2 Avaliação pneumatológica destes documentos conciliares

A publicação dos documentos conciliares supôs um progresso doutrinal no que tange ao Espírito Santo. Desde a Constituição SC, primeira a ser aprovada, até à última, a GS, cresceu a preocupação em torno da missão do Espírito Santo na Igreja, e esta concebida em chave de *mistério.*

O Concílio, então, reconheceu uma ação peculiar do Espírito Santo na Igreja. Isto não significou que se esquecesse de Cristo. Cristo não deixa de ser o centro, a luz dos povos (LG 1), mas é a luz e o centro graças ao Espírito Santo.

O Concílio colocou sob as coordenadas pneumatológicas toda a história da salvação, ou seja, as intervenções e atuações operadas por Deus e transmitidas pela Bíblia para salvar a humanidade. Uma história que é sinal do Espírito que agiu no mundo antes que Cristo fosse glorificado (cf. AG 4). O Espírito é quem *conduz* o Povo de Deus (cf. GS 11), quem *dirige* a Igreja (cf. LG 48), quem *santifica e vivifica* o povo de Deus por meio dos ministros, dos sacramentos e dos dons particulares (cf. AA 3), quem *age* para além dos confins visíveis da Igreja Católica (cf. LG 15).

Em resumo, estes documentos falaram da Trindade do Pai e do Filho e do Espírito Santo. Esta ideia não era original, mas foi recuperada da tradição patrística e do Oriente cristão. Assim, retornou-se a uma visão mais trinitária e pneumatológica dos mistérios da fé.[12]

O Concílio Vaticano II não esboçou uma pneumatologia nem orgânica nem sistematizada, mas abriu novos caminhos para os estudos posteriores. Foi o que Paulo VI expressou: "À cristologia e, especialmente, à eclesiologia do Concílio deve suceder-se um estudo novo e um culto novo ao Espírito Santo, justamente como necessário complemento da doutrina conciliar".[13] O Concílio retomou os aspectos teológicos do primeiro milênio, incrementou o sentido de Igreja como comunhão, apresentou a liturgia como cume e fonte da vida eclesial e nos ofereceu uma chave de leitura pneumatológica. Todavia, não disse nada sobre a função do Espírito Santo na liturgia, e talvez este tenha sido um dos grandes erros; erros que se remediaram durante as décadas seguintes com pesquisas e publicações novas, categóricas e específicas.

3. A pneumatologia nos estudos teológico-litúrgicos

Nos primeiros anos do pós-concílio, devido aos documentos conciliares, às publicações e ao ambiente eclesial, tomou-se consciência da importância que o Espírito Santo merece na vida da Igreja e nos estudos teológicos, bíblicos, eclesiológicos, litúrgicos, escatológicos e cristológicos.

Na realidade, começou-se a admitir a pneumatologia como um tratado dentro do conjunto da teologia dogmática. No entanto, aqueles anos viram-se faltos de um estudo claro, razão por que se continuava a

---

[12] Nove vezes se recorre à expressão *ao Pai pelo Filho no Espírito Santo*: LG 4; 28; 51; DV 2; SC 6; PO 6; OT 8; AG 7; UR 15. Duas vezes a Igreja é vista em modo trinitário como Povo de Deus, Corpo de Cristo, Templo do Espírito Santo: LG 17; PO 1.

[13] PAULO VI, "Audiência geral de 6 de junho de 1973", *Ecclesia* 33 (1973) 735.

Espírito Santo e Liturgia

silenciar o Espírito Santo na hora de elaborar um tratado teológico. As tentativas que se fizeram careciam da adequada profundidade.[14]

É verdade que os manuais atuais de Deus Uno e Trino se viram enriquecidos notavelmente pelo estudo do Espírito Santo, embora não por uma estruturação e metodologia novas. O enriquecimento dá-se com as contribuições bíblicas e patrísticas, e com os novos destaques em matéria trinitária. Assim, por exemplo, presta-se maior atenção aos nomes e propriedades das Pessoas Divinas e a sua intervenção na economia salvífica.

Contudo, é chegada a hora de conferir um lugar preferencial ao estudo pneumatológico dentro dos estudos teológicos; mais ainda, é preciso incluir a pneumatologia como matéria dentro do currículo acadêmico tanto do primeiro ciclo de estudos teológicos quanto dos cursos de licenciatura. A pneumatologia merece a mesma importância que o restante dos tratados teológicos.

Para chegar a um bom estudo sobre o Espírito Santo é necessária uma apresentação nova da metodologia aplicada, a qual tem de estar em sintonia e integrada com todas as áreas teológicas, especialmente com a ciência litúrgica. E dá-se o caso em que a teologia deve estar em função da liturgia.[15]

Na liturgia se manifesta a Obra da Redenção e age o Espírito Santo. Por isso, estudar esta presença e ação nas celebrações litúrgicas é

---

[14] Para compreender este déficit, talvez possam servir-nos estas frases de Dom Philips: "O Espírito Santo esclarece o mistério e ilumina as almas para compreendê-lo, mas ele mesmo permanece na sombra para tornar mais viva a luz sobre o Filho, imagem perfeita do Pai. Este caráter quase oculto do Espírito Santo foi sublinhado pelos Padres antigos de diversas formas, às vezes explicitamente, como o fazem São Basílio e São Gregório Nazianzeno. Nessa direção, talvez, é que devamos orientar nossa busca para tornar explicável a reserva que, nos escritos teológicos, rodeia o Espírito prometido. Ele não busca senão a glória do Verbo e, por este, a glória do Pai; ele fala no interior e, amiúde, com voz muito suave... Tudo isso nos ajuda a compreender nossa indigência teológica neste tema" (cf. G. PHILIPS, "Le Saint-Esprit et Marie dans l'Église", *Études Mariales* 25 (1968) 8.

[15] Cf. A. LUCAS MAQUEDA, *La pneumatología litúrgica en la obra de don Achille Maria Triacca*, Biblioteca Litúrgica 43, CPL, Barcelona 2012, 65-89.

compreender melhor a natureza da própria liturgia, assim como aprofundar o âmbito e os modos que o Espírito tem para agir na liturgia. A liturgia é o *mistério celebrado para a vida dos fiéis.* Sua finalidade está em que os fiéis glorifiquem a Deus e se santifiquem.

4. A pneumatologia nos novos livros litúrgicos

Uma das melhores coisas que fez a reforma litúrgica, promovida pelo Concílio, foi a renovação de todos os livros litúrgicos. Com a nova visão da teologia, necessitava-se de livros adequados, adaptados ao momento e aos tempos, a fim de se poder celebrar melhor o Mistério.

Os livros litúrgicos são um monumento de fé e de sensibilidade atual, e asseguram que a celebração seja mais eclesial; são um compêndio teológico, bíblico, pastoral e catequético único.

Se os lermos com atenção, observaremos que não respondem a como se devem fazer as coisas, mas, antes, ao que celebramos e ao que pretendemos com as celebrações. A liturgia deixou de ser um tratado de rubricas para converter-se em uma ciência própria.

4.1 Conhecimento e estrutura destes livros

A renovação dos livros litúrgicos, segundo a mentalidade do Concílio Vaticano II, foi levada a cabo em menos de cinquenta anos. A primeira publicação ou edição do livro litúrgico sempre se faz em latim; a esta edição se chama *editio typica.* Depois, cada país faz a tradução em sua língua nativa. Uma lista faz-nos ver a quantidade de livros litúrgicos existentes e o trabalho que muitas pessoas tiveram para levar a bom termo a reforma; de alguns destes livros já existe uma segunda ou terceira edição.

ESPÍRITO SANTO E LITURGIA

Editio typica latina	Edição brasileira
De Ordinatione Diaconi, Presbyteri et Episcopi (1968)	Ritual de Ordenação de bispos, presbíteros e diáconos
Ordo Celebrandi Matrimonium (1969)	Ritual do Matrimônio
Calendarium Romanum (1969)	Calendário Romano
Ordo Missae (1969)	Ordinário da missa
Ordo Baptismi Parvulorum (1969)	Ritual do Batismo de Crianças
Ordo Lectionum Missae (1970)	Ordinário das leituras da missa
Ordo Exsequiarum (1969)	Ritual de exéquias
Ordo Professionis Religiosae (1970)	Ritual da Profissão Religiosa (Pontifical Romano)
Missale Romanum (1970)	Missal Romano
Ordo Consecrationis virginum (1970)	Ritual da Consagração de Virgens (Pontifical Romano)
Missale Romanum: lectionarium I, II, III (1970)	Missal Romano: Lecionário I, II, III
Missale parvum, ad usum sacerdotis itinerantis (1970)	
Ordo Benedictionis Abbatis et Abbatissae (1970)	Bênção de abade e abadessa (Pontifical Romano)
Ordo benedicendi Oleum catechumenorum et infirmorum et conficiendi Chrisma (1970)	Ritual de Bênçãos (Pontifical Romano)
Officium Divinum: Liturgia Horarum I, II, III, IV (1971)	Oração do Tempo Presente – suplemento
Ordo Confirmationis (1971)	Ritual da Confirmação (Pontifical Romano)
Ordo Initiationis christianae adultorum (1972)	Ritual da Iniciação Cristã de Adultos
Ordo cantus Missae (1972)	Cânticos do Ordinário da missa

27

De institutione Lectorum et Acolythorum: De admissione inter candidatos ad Diaconatum et Presbyteratum. De sacro caelibatu amplectendo (1972)	Instituição de Leitores e Acólitos e de admissão entre os candidatos à Ordem Sacra (Pontifical Romano)
Ordo Unctionis infirmorum (1972)	Ritual da Unção dos Enfermos e sua assistência pastoral
De sacra Communione et de Cultu mysterii eucharistici extra Missam (1973)	A sagrada comunhão e o culto do mistério eucarístico fora da missa
Directorium de Missis cum pueris (1973)	Diretório para missas com crianças
Ordo Poenitentiae (1973)	Ritual da Penitência
Graduale simplex (1974; editio altera, a primeira edição havia sido publicada em 1967)	
Missale Romanum (1975, segunda edição)	Missal Romano, 2. ed.
Ordo dedicationis ecclesiae et altaris (1979)	Ritual de Dedicação de igreja e de altar (Pontifical Romano)
Nova Vulgata Bibliorum Sacrorum (1979)	
Ordo Lectionum Missae (1975, segunda edição)	Ordinário das leituras da missa
Ordo coronandi imaginem Beatae Mariae Virginis (1981)	Ritual de coroação de Imagem da Bem-aventurada Virgem Maria
De Benedictionibus (1984)	Ritual de Bênçãos
Caeremoniale Episcoporum (1984)	Cerimonial dos Bispos – Cerimonial da Igreja
Officium Divinum: Liturgia Horarum (1985, segunda edição)	Liturgia das Horas I, II, III, IV
Collectio Missarum de Beata Maria Virgine e Lectionarium pro Missis de Beata Maria Virgine (1986)	Missas de Nossa Senhora e Lecionário para Missas de Nossa Senhora
Passio Domini Nostri Iesu Christi (1989)	

De Ordinatione Episcopi, Presbyterorum et Diaconorum (1989)	Ritual de Ordenação de bispos, presbíteros e diáconos
Ordo celebrandi Matrimonium (1990, segunda edição)	Ritual do Matrimônio, 2. ed.
De Exorcismis et supplicationibus quibusdam (1998)	Ritual de Exorcismo e outras súplicas
Martirologium Romanum (2001)	Martirológio Romano
Ordo Rituum Conclavis (2005)	
Missal Romano, 3. ed. (2002/2008)	

Os livros litúrgicos costumam ter a mesma estrutura. Constam de três partes: os *Praenotanda* (introdução), a parte celebrativa (corpo central) e uma seleção de leituras (lecionário).

a) Os *Praenotanda* têm valor único e precioso; são os princípios e as normas gerais para a celebração do sacramento em questão, ou o sacramental ou o ofício que se vai celebrar. Estes princípios contêm a teologia, a espiritualidade, a pastoral e as rubricas que contêm a referida celebração. Portanto, *partem* de afirmações doutrinais da tradição da Igreja para aplicá-las, em seguida, ao campo litúrgico-ritual; *guiam* o anúncio do significado do evento sacramental e *qualificam* todo o desenvolvimento da celebração; *oferecem* pontos de autenticidade e verdade que entram no ritmo celebrativo; e *permitem* uma verdadeira participação do povo de Deus em sua disposição hierárquica, ministerial e carismática.

b) A parte celebrativa é o corpo central do livro. Nela se encontram a estrutura ritual, as orações e as rubricas. É ponto de referência para o desenvolvimento da celebração.

c) E, por último, a terceira parte é a grande novidade destes novos livros. Consiste em uma série de leituras da Palavra de

Deus, podendo-se escolher aquelas mais apropriadas para as distintas circunstâncias, ambientes e assembleias. A Palavra de Deus proclamada é alimento de fé para o povo inserido na história da salvação.

A reforma litúrgica situou-se no plano teológico à luz da Revelação, mas com uma clara orientação pastoral e espiritual para uma autêntica participação e estilo celebrativo. Assim, os livros representam uma escola educativa para toda a comunidade celebrante e pretendem explicar, aprofundar e alimentar a vida do cristão.

4.2 A pneumatologia nos livros litúrgicos

Não existe um estudo geral sobre o Espírito Santo nos livros litúrgicos atuais. Devemos conformar-nos somente com alguns artigos que tentam dar passos sem que cheguem a uma sistematização. Não obstante é possível afirmar que, se se busca o Espírito Santo, e se se pretende chegar a uma pneumatologia-litúrgica, uma das fontes das quais se deve haurir é a dos livros litúrgicos, os antigos e os atuais, já que têm como protagonista indubitável o Espírito Santo.

Os grupos de trabalho, comissões e pessoas que confeccionaram estes livros alimentaram a liturgia em um tríplice núcleo inter-relacionado: o trinitário, o histórico-salvífico e o teológico, sendo o pneumatológico o farol que guia, orienta e forma a celebração. Assim, a liturgia é, essencialmente, a manifestação de Cristo glorificado; é a atualização da presença de Cristo na celebração litúrgica. Isto se deve à ação do Espírito Santo.

O livro litúrgico é o *suporte* da celebração: educa-nos e ensina-nos. Seria semelhante a um tesouro que, fechado, não diz nada. Este tesouro contém o Espírito que espera que alguém o abra para a celebração. Nesse sentido, uma vez aberto, o Espírito aflora, transformando aquilo que lhe pedimos, inclusive nós mesmos. Com esta comparação,

ESPÍRITO SANTO E LITURGIA

entende-se que o livro litúrgico está encoberto por um halo pneumatológico, e que, graças a isso, podemos celebrar a Trindade.

Em todos os livros litúrgicos e rituais existem termos, frases, orações, leituras, invocações explicitamente pneumatológicas. No entanto, nem todos visibilizam o Espírito Santo com tanta clareza: no *Cerimonial dos Bispos*, que não tem uma estrutura ritual celebrativa, mas um conjunto de normas e rubricas, é difícil enxergar uma pneumatologia. Contudo, o Espírito faz-se presente quando, ao cumprir essas normas, surge a celebração em sintonia com o que a Igreja pede.

Em suma, os livros litúrgicos são verdadeiras joias pneumatológicas, tanto na doutrina quanto nas orações.

Neste percurso histórico-pneumatológico, apresentaram-se sucintamente o Concílio Vaticano II com seus documentos principais e a situação pós-conciliar no que concerne ao estudo do Espírito Santo.

Todo esse período, que foi marcado pela renovação e pela reforma litúrgica, evoluiu de maneira positiva e gradual para uma teologia em *espírito e verdade*, e engendrou grandes teólogos que deram à Igreja impulso e dinamismo para um futuro melhor, formando o pensamento de leigos e de sacerdotes. O trabalho desenvolvido nos documentos conciliares, na preparação dos livros litúrgicos, no labor pela união com o Oriente cristão e na confecção de revistas e estudos de corte pneumatológico ofereceu-nos a oportunidade de voltar às origens do cristianismo e recuperar o que ficara escondido durante tantos anos.

Capítulo 2

O Espírito Santo Preenche a Liturgia

"Deus, nosso Salvador, quer que todos os homens sejam salvos e cheguem ao conhecimento da verdade" (1Tm 2,3-4). A liturgia celebra os mistérios de Cristo, a Obra da Redenção. Na realidade, o ser humano alcança a salvação através da liturgia.

Graças a ela, Deus faz-se presente, e atualiza-se o plano salvador; um plano que visa à santificação dos fiéis. Sem dúvida, a liturgia é *trinitária*.

Na celebração litúrgica, Cristo aparece graças ao Espírito Santo. Este se encarrega de *trazer*, aqui e agora, o mistério da salvação. Toda a história, todas as maravilhas operadas por Deus, a morte e a ressurreição de Cristo, a salvação inteira, o passado e o futuro são revividos e atualizados na celebração, e tudo pela força e pelo poder do Espírito Santo.

Por isso, a liturgia não pode acontecer sem a pessoa divina do Paráclito. Já não há o que dizer: *o Espírito é o verdadeiro artífice e protagonista da celebração litúrgica.*

Esse *trazer*, aqui e agora, não é uma simples recordação, mas é *anamnese-memorial* histórico-salvífico. Deus faz-se presente para salvar-nos!

1. A dimensão ascendente e a dimensão descendente da liturgia

A liturgia apresenta uma dupla vertente ou dimensão: a *ascendente* e a *descendente*. Em sua dimensão *descendente*, a liturgia é *comunicação do Espírito Santo*; é o lugar onde se faz presente o Cristo glorificado, o qual, por sua vez, confere o Espírito à assembleia ali reunida. O Espírito desce. O céu junta-se à terra, Deus manifesta-se. Em sua dimensão *ascendente*, a liturgia é a *voz do Espírito Santo*, em Cristo-Igreja, para a glória do Pai. Os fiéis invocam e oram, a terra junta-se ao céu, rendemos culto a Deus.

Embora estas dimensões possam ser conhecidas, devido à separação ideológica entre o Ocidente e o Oriente cristãos, porém, fomos esquecendo que a *invocação do Espírito Santo* para a santificação das oferendas eucarísticas e a presença de Cristo nelas, com a *consequente ação do Espírito*, são *realidades conaturais da liturgia*.

Depois de uma minuciosa análise da SC 7, surgem três elementos fundamentais para uma definição de liturgia: *mistério-ação-vida*.[1] De fato, a liturgia é o *mistério* (total, síntese do Mistério Pascal) *celebrado* (realizado e atualizado pela celebração litúrgica) *para a vida* (do povo de Deus, do fiel, da Igreja, Corpo de Cristo). Ao mesmo tempo, a liturgia *é a vida* do fiel que *culmina na ação litúrgica* para que o *mistério se atualize* na Igreja. A ação sagrada, por excelência, ou melhor, a celebração litúrgica, não engloba tudo o que o conceito de *liturgia* significa, ou seja, que a realidade da *liturgia* é muito mais ampla que seu momento celebrativo; e isto, precisamente, porque o que precede a celebração (o *antes* celebrativo) culmina na ação celebrativa, e o que segue (o *depois*

---

[1] A SC 7 define a liturgia com os termos: *ação* (celebração litúrgica; ação sagrada; sinais sensíveis; exercício sacerdotal; exercício do culto público íntegro), *vida* (santificação do homem; o culto público íntegro) e *mistério* (exercício do sacerdócio de Jesus Cristo; obra de Cristo sacerdote e de seu corpo).

celebrativo) provém da ação celebrada. Isto quer dizer que, embora o mistério, considerado em si, e a vida do fiel aconteçam antes e depois da celebração, estes não podem separar-se da ação litúrgica. A referida ação é um acontecimento que tem como finalidade a *santificação dos homens* e a *edificação da Igreja*, na plenitude do *culto a Deus* em Cristo (cf. SC 5). Isto exige do fiel uma participação íntima e ativa, a qual se realiza *na, com* e *por meio da* celebração, lugar onde o mistério se atualiza, se perpetua e se torna presente.

Estes três níveis litúrgicos – *mistério, ação (celebração)* e *vida* – têm mútuas relações entre si. De fato, o *mistério* está presente na *ação litúrgica* mediante o *memorial (anamnésis)*: a *ação* faz o *memorial* do *mistério*. A *vida* é *copotencializada* na *ação litúrgica* mediante a *participação (méthexis)*: a *vida* está presente na *ação* (e vice-versa) mediante a participação.

Chegados a este ponto, pode-se compreender o que insinuávamos antes, que *não é possível nenhuma liturgia sem o Espírito Santo*. Em sua *dimensão descendente*, a liturgia é o *mistério celebrado para a vida* do homem; e é ele quem chega a ser "nova criação", por obra do Espírito Santo; chega a ser filho adotivo do Pai, tendo em si o princípio da santificação e a garantia da vida eterna: o Espírito. Em sua *dimensão ascendente*, a liturgia é a *vida que culmina na celebração para que o mistério alcance sua finalidade última*, a de render culto "em espírito e verdade", e o Espírito Santo é o princípio primeiro.

Pois bem, a liturgia, na realização do mistério de adoração, de culto, de oração de Cristo *com, em, pela* Igreja, é onde o fiel oferece-se a Cristo-Igreja e encontra o Espírito. O culto que os fiéis rendem ao Pai, na Igreja e a Igreja nos fiéis, cumpre-se *em, com, por* Cristo, único mediador, mas sempre *em virtude do Espírito Santo*. Com outras palavras: *as finalidades da liturgia* (a santificação dos homens e o culto em espírito e verdade) *não* são *concebíveis, compreensíveis* ou *completadas* se não forem por obra do Espírito Santo.

2. As epicleses do Espírito

Não se pode falar do Espírito Santo sem saber o que são as epicleses. Na realidade, há uma só epiclese: a do *Espírito Santo*. Contudo, como veremos, há vários dinamismos que agem em diversos momentos. Daí serem chamados de epicleses, mas, em conclusão, é uma.

Em geral, este termo grego significa: *invocar sobre*. Portanto, poder-se-ia dizer que a epiclese é a *invocação orante* realizada durante uma celebração litúrgica, principalmente na Eucaristia, para que o poder divino (o Espírito Santo) desça e aja, consagrando e transformando seja os dons, seja a assembleia reunida.

No entanto, não é tão simples quanto parece. Na epiclese, há divisões que superam o marco desta definição. A epiclese vai além da Eucaristia, alcançando os sacramentos, a Igreja e até a própria vida humana.

2.1 As epicleses dentro da celebração eucarística (em sentido estrito)

Até agora, as epicleses foram estudadas dentro do contexto eucarístico, concretamente, dentro da Oração Eucarística ou Anáfora, isto é, na consagração (*epicleses eucarísticas anafóricas*). Todavia, não acontecem apenas neste momento, mas o Espírito está presente e age em toda a Eucaristia ou missa (*epicleses eucarísticas extra-anafóricas*). Por isso, é necessário fazer uma anotação sobre esta invocação do Espírito Santo.

2.1.1 Epicleses eucarísticas anafóricas

As *epicleses* eucarísticas anafóricas situam-se em distintos momentos, segundo as diversas famílias litúrgicas. Por exemplo, se se comparam os ritos orientais, levando-se em conta os dois patriarcados mais antigos – o de Antioquia (grupo antioqueno ocidental: bizantinos, e grupo antioqueno oriental: Síria-Caldeia) e o de Alexandria –, pode-se estabelecer o seguinte:

ESPÍRITO SANTO E LITURGIA

Anáforas do grupo antioqueno	Anáforas do grupo alexandrino
–	Intercessões
–	Epiclese (I)
Narração da instituição	Narração da instituição
Anamnese	Anamnese
Epiclese	Epiclese (II)
Intercessões	–
Doxologia	Doxologia

Segundo este esquema, as Anáforas do grupo antioqueno têm apenas uma epiclese depois da *narração da instituição* e da *anamnese*. No entanto, nós, os de rito romano, temos duas epicleses, seguindo a estrutura do grupo alexandrino. Na realidade, de certo modo, inspiramo-nos neles na hora de organizar a Oração Eucarística: uma primeira epiclese antes da narração da instituição, na qual se pede o Espírito Santo para a *transformação* do pão e do vinho no Corpo e Sangue de Cristo (os textos litúrgicos falam de *santificação*, enquanto os teólogos preferem o termo *consagração*); e uma segunda epiclese para a santificação (transformação e consagração) dos fiéis que participam da Eucaristia.

A solução que o rito romano adotou ao seguir a estrutura da Anáfora alexandrina, principalmente com a reforma litúrgica pós-conciliar, pode-se dizer que foi por motivos teológicos, ecumênicos e pastorais. *Ecumênicos* porque assim se produzia uma aproximação do Oriente litúrgico (tanto católico quanto ortodoxo); *teológicos* porque a *epiclese*, presente na eucologia eucarística quer extra-anafórica, quer extraeucarística, reclama a economia da salvação; e *pastorais*, especialmente em razão da segunda, que suplica a presença do Espírito na comunidade a fim de que seja santificada.

2.1.2 Epicleses eucarísticas extra-anafóricas

Estas epicleses são as que se dão na missa ou Eucaristia, mas fora da Oração Eucarística ou Anáfora. Aqui se poderia falar dos textos eucológicos da Eucaristia, em que se afirmam a presença e a ação do Espírito Santo em referência às pessoas e às realidades cósmicas, ou seja, que as orações, em seu conjunto (e, portanto, não somente os textos anafóricos), dão testemunho da presença invocada do Espírito Santo sobre as pessoas que participam da Eucaristia e, ao mesmo tempo, dão testemunho da presença invocada do Espírito Santo sobre o próprio Cristo, sobre Maria, sobre os Santos, sobre os cristãos (sobre as pessoas), assim como também sobre as oferendas e sobre a realidade da criação (sobre o cosmos).

É preciso estudar o tema das epicleses dentro da estrutura eucarística global, e não somente na Oração Eucarística. Na realidade, o Espírito Santo está presente durante toda a celebração.

2.1.3 Quando as espécies eucarísticas ficam consagradas?

Em consequência da epiclese, surge um problema: o momento da consagração. É preciso levar em conta que no ano 1054, ano do cisma entre orientais e ocidentais, não existia nenhum problema em torno do momento da consagração; tampouco disse algo a respeito o Concílio de Lião em 1274. As discrepâncias surgiram a partir de Cabasilas (†1371) e seu discípulo Simeão de Tessalônica. O Ocidente começou a fazer cada vez mais sua a opinião da escolástica (São Tomás de Aquino), segundo a qual o momento da consagração estava vinculado às palavras sobre o pão e o vinho: *tomai e comei,*[2] enquanto os orientais situaram este momento na epiclese, ou seja, antes das palavras de Cristo, quando se invoca o Pai para que envie o Espírito Santo para transformar o pão e o vinho.

Até à época de Cabasilas, durante o primeiro milênio, houve silêncio acerca da discussão epiclética (embora tenham apresentado algo João Crisóstomo, São Basílio e Santo Ambrósio). Os motivos desse silêncio foram dois: o primeiro é que não era preciso pensar nas epicleses

---

[2] Cf. SÃO TOMÁS DE AQUINO, *Suma Teológica*, III, q. 75.

porque sabiam sobejamente que o Espírito Santo estava presente e agia na missa, em concreto, na Oração Eucarística; e o segundo porque ainda não existia a escolástica que racionalizava tudo e buscava explicação para tudo, por exemplo, o momento exato da transformação do pão e do vinho.

O problema da epiclese não consiste somente em tratar o momento da consagração das espécies, mas em compreender que, sem o Espírito Santo invocado, não há Eucaristia.

Hoje em dia, ainda se discute a origem dessa controvérsia, sem que se chegue a uma resposta clara. No entanto, as novas correntes do pensamento teológico consideram que a consagração ou a santificação das oferendas deve ser situada no conjunto da Oração Eucarística, e o momento da transformação não dever ser visto somente nas palavras de Cristo (Ocidente) nem no momento da epiclese, antes das palavras (Oriente).

Esta teoria, que é muito interessante, centra-se nestes pontos e é difundida pelos seguintes autores, entre outros:

- Jean M. Roger Tillard (dominicano francês, 1927-2000) dirá que a Eucaristia deve ser estudada a partir da Sagrada Escritura, da patrística e dos textos litúrgicos. Um estudo unitário, em seu conjunto, seria o ponto de partida para encontrar uma possível união entre os orientais e os ocidentais. Não se deve centrar toda a atenção no momento da narração da instituição, mas em toda a Oração Eucarística.[3]

- O momento da transformação do pão e do vinho não deve isolar-se da eclesiologia nem da teologia trinitária, ou seja, da história da salvação, dirá Yves Congar (teólogo dominicano francês, 1904-1995). Além do mais, a Santíssima Trindade faz-se

---

[3] Cf. J. M. R. TILLARD, "L'Eucharistie et le Saint Esprit", in *NRT* 100 (1968) 363-387.

presente na história salvífica, em concreto, agora na Igreja por meio dos sacramentos, especialmente pela Eucaristia.[4]

- Dom Paul Cagin (beneditino de Solesmes, 1847-1923) expressou suas ideias dizendo que toda a anáfora, em seu conjunto, constitui uma parte da Eucaristia, que se encontra sob o influxo do Espírito Santo.[5]

- Enrico Mazza (liturgista italiano, 1940-) disse que "a Instituição da Eucaristia não é um ato jurídico, mas um acontecimento e uma ação modelar, uma forma exemplar e criadora de nossa celebração que pode ser interceptada somente com a teologia da Palavra". As "características da Palavra explicam sua suficiência uma vez para sempre. É preciso convencer-se de que a Palavra não se *repete* jamais, mas que é *comemorada*, porque a repetição justificaria a ineficiência".[6]

- É mister realizar um estudo sobre a estrutura literária da Oração Eucarística, como dirá Cesare Giraudo (teólogo jesuíta italiano, 1941-).[7] Suas conclusões permitirão relacionar a *anamnese* e a *epiclese* da anáfora.

Portanto, a antiga discussão, que durou mais de quinhentos anos, pode ter sua solução na própria estrutura da Eucaristia, e não em algo particular ou isolado do conjunto, como é o instante em que ocorre a vinda do Espírito Santo ou consagração.

---

[4] Cf. Y. CONGAR, "Pneumatologie ou 'Christomonisme' dans la tradition latine?", in *ETL* 45 (1969) 394-416 (também in *Ecclesia a Spiritu Sanctu edocta. Mélanges Gérard Philips*, Gembloux 1970, 42-63).

[5] Cf. P. CAGIN, *L'"Eucharistia" canon primitif de la messe ou formulaire essentiel et premier de toutes les Liturgies*, Desclée, Rome-Paris-Tournai 1912, 70.142-143.

[6] E. MAZZA, "La Preghiera eucaristica IV – un capitolo di teologia eucaristica", in AA.VV., *Il Messale Romano del Vaticano II* (QRL, Nuova Serie 6), LDC, Leumann-Torino 1984, 665.

[7] Cf. GIRAUDO, *La struttura letteraria della preghiera eucaristica. Saggio sulla genesi letteraria di una forma. Toda veterotestamentaria. Beraka giudaica. Anafora cristiana* (Analecta Biblica 92), PIB, Roma, 1981, especialmente 271-255 (= Terceira Parte).

2.2 As epicleses fora da celebração eucarística (em sentido amplo)

Estas epicleses são as celebrativas também, mas não vinculadas à Eucaristia; estão ligadas aos sacramentos ou a alguma das outras ações litúrgicas fora da Eucaristia. Nos diversos sacramentos, o Espírito Santo faz-se presente e age. Nas fórmulas de consagração da água, no Batismo, há uma epiclese; o mesmo se pode dizer da Ordenação Sacerdotal e do Matrimônio. Ademais, as orações que introduzem a celebração são eminentemente pneumatológicas.

Nos manuais de teologia sacramentária e recensões bibliográficas sobre o Espírito Santo do final do séc. XX, foi-se destacando a relevância desta Pessoa Divina nas celebrações, até mesmo nas não eucarísticas.

As epicleses celebrativas extraeucarísticas também devem ser estudadas e apresentadas como parte fundamental de uma pneumatologia litúrgica. O leitor deve ter claros os seguintes pontos:

- Não existe nenhuma celebração sem a presença e a ação do Espírito.

- A linguagem litúrgica é uma linguagem polissêmica que, do ponto de vista pneumatológico, ganha importância não somente através das expressões verbais, mas também dos gestos que servem para significar o Espírito Santo.

- Em toda celebração, inclusive fora da Eucaristia, existem epicleses diretas ou explícitas, e outras indiretas ou implícitas.

- As epicleses têm efeitos específicos que podem relacionar-se com a ação transformante ou consagrante do Espírito com uma atenção especial voltada, em primeiro lugar, para os que participam da celebração e, através deles, para a realidade cósmica.

O Ocidente cristão destacou a importância das epicleses *extracelebrativas* ou de *sentido amplo*. Já não somente a Igreja Católica, mas também as Igrejas da Reforma prescindiram, muitas vezes, do Espírito Santo, ou melhor, *instrumentalizaram-no*. No entanto, hoje em dia, o anglicanismo, para citar um exemplo, está recuperando o interesse pelas epicleses da Confirmação em sua relação com o Batismo.

As *epicleses* em *sentido amplo* impelem as Igrejas Reformadas a perguntar-se sobre os dinamismos *epicléticos*, que conduzem à Eucaristia e aos demais sacramentos. Estas epicleses, *por um lado*, fomentam a unidade dos sete sacramentos e, *por outro*, chegam a ser um critério de autenticidade para as diferentes confissões cristãs.

Entre outras coisas, se se quiser chegar a uma união entre o Oriente e o Ocidente cristãos, deve-se levar em conta estas epicleses *extraeucarísticas*. O Documento de Lima (1982), sobre "Batismo-Eucaristia-Ministério", foi um primeiro passo no interesse pela presença e pela ação do Espírito Santo nos sacramentos.

2.3 As epicleses extracelebrativas

As epicleses celebrativas (em *sentido estrito* e em *sentido amplo*) levam às epicleses *extracelebrativas*. Segundo a perspectiva de 1Cor 12,4-30, o cristianismo é chamado a ser uma Igreja que se constitui, vive e cresce mediante os dons que o Senhor e o Espírito infundem.

As *epicleses* do Espírito têm de converter-se em *plenitude* do Espírito; e esta *plenitude* é real quando se chega a uma união das Igrejas nas quais ele age, através da diversidade de dons como princípio unificador.

As epicleses *extracelebrativas* são as que vão além da celebração, embora, na realidade, sempre estejam em relação com as eucarísticas.

A presença e a ação do Espírito Santo, fora das celebrações litúrgicas, aparecem por toda parte, visto que as sinergias do Espírito respondem por todos os níveis da vida.

ESPÍRITO SANTO E LITURGIA

Por outro lado, as epicleses *extracelebrativas* fazem-nos compreender melhor a ação universal do Espírito-Trindade no mundo; assim como nos levam a completar a visão da teologia das epicleses, abrindo futuras portas para a teologia-litúrgica.

As culturas e os povos do mundo estão sob a influência do Espírito. A missão do Santo Pneuma é basicamente evangelizadora: o Espírito compromete o mundo e o atrai para a Trindade. Ele age para renovar a humanidade, transformando os setores nos quais se desdobra a vida humana. Tais setores tentam alcançar certos valores e modelos determinantes para a vida, e consegui-lo-ão sempre que estiverem em consonância com a Palavra de Deus e com o desígnio de salvação. Ele se vale de cristãos, missionários e mártires que testemunham, com seu exemplo, um modo novo de irradiar a fé e de impregnar o espírito de Cristo. Todos eles, por estarem marcados pelo Espírito, levam a bom termo os objetivos espirituais; e, ao serem guiados por sua mão, conduzem a humanidade inteira para a salvação e para o encontro com Deus.

Por isso, estas epicleses remetem-nos a temas como a moral, a sociedade, a cultura, o ecumenismo e outras religiões. Esta variedade de temas vem sugerida, precisamente, pelas ações epicléticas e paracléticas do Espírito. O progresso, neste tipo de estudos, abre um horizonte rico e interessante para a compreensão da teologia e para as relações da Igreja com o mundo.

A relação do Espírito Santo com o mundo pretende estabelecer um tipo de compromisso que une duas realidades que perderam seu vértice como consequência do pecado original: *o homem e o mundo*. O Espírito Santo age no mundo e influi na pessoa, respondendo a uma mensagem explícita sobre a promoção e a defesa dos direitos e deveres da pessoa humana, sobre a vida familiar, sobre a vida comunitária de sociedade, sobre a vida internacional, sobre a paz, a justiça, o desenvolvimento e, em suma, sobre a liberdade humana. Não somente a

Igreja universal, mas também todo cristão individualmente, movido pelo Espírito, é chamado a finalizar eficazmente esse compromisso de anunciar a liberdade de milhões de pessoas, de ajudá-las, de dar testemunho de uma vida evangélica, para libertar a pessoa de todo tipo de amarras.

De igual modo, o homem que não conhece a Cristo ou vive distanciado dele vê-se alcançado por um gérmen espiritual, imperfeito e não pleno, mas presumido, que age nele pelo simples fato de ser criatura humana. Tudo nasce de Deus e tudo volta para ele, em um processo cíclico-vital em progressão e avanço cosmológico. O homem, ao ser criado, entra em um projeto divino; pelo simples fato de nascer, geme ao Deus da vida em uma contínua invocação de louvor, mesmo que seja inconsciente ou oculta; em seu desenvolvimento e crescimento, efetuam-se os deveres, as tarefas, a construção de um mundo melhor, a colaboração com o criador, o testemunho, com sua vida, de princípios humanos como o amor, a paz, o anseio por um além, por uma vida *depois*; em sua morte, Deus recebe-o de novo em seu seio e o faz capaz de ser salvo, de ser seu filho, de apreciar a vida definitiva sempre a seu lado, de fazê-lo participante da festa celestial.

A continuidade entre a celebração litúrgica e o Espírito Santo é a pessoa que, com sua vida, difunde as maravilhas de Deus, o qual nos permite dizer que *o mundo é o reflexo da Glória de Deus, o homem é seu Ícone vivo, e em Cristo recebe a semelhança.*[8] O crescimento da vida do homem, sobretudo a do cristão, é vida de culto e está ritmada pelas celebrações litúrgicas, sendo veículo entre as relações do homem com Deus, ou seja, entre a *vida* e o *mistério*. A carta de São Paulo aos Coríntios, ao falar do homem valorizado por sua condição de cristão, não pelas qualidades que cada um possui, dirá que todos estão submetidos a Cristo

---

[8] J. CORBÓN, *Liturgia fundamental. Misterio-celebración-Vida*, Ediciones Palabra, Madrid 2001, 224.

ESPÍRITO SANTO E LITURGIA

e, nele, a Deus (cf. 1Cor 3,18-23). Assim, o homem, sua atividade, sua cultura, todo ele está circunscrito ao terreno divino.

3. Os dinamismos pneumatológicos

Três são os dinamismos ou modalidades pneumatológicas que estão presentes na celebração: *epiclese, paraclese* e *anaclese*. Elas revelam uma única realidade: *a ação do Espírito Santo*. Vejamos o que significa cada um destes termos:

- Na seção anterior, vimos a definição de epiclese e suas implicações. Dever-se-ia dizer, ademais, que sempre que se dá uma epiclese, forçosamente há uma paraclese.

- Com o termo *paraclese* (do grego παρακαλέω, *chamar para junto de, consolar, convocar*), entende-se o efeito da presença e da ação do Espírito Santo como fruto da invocação (*epiclese*) feita ao Pai. Assim, pois, seria a resposta a essa invocação. Pedimos ao Pai que envie o Espírito Santo (*epiclese*) para transformar o pão e o vinho e para transformar a assembleia (*paraclese*), a fim de que preste culto e dê glória e louvor a Deus (*anaclese*). Este último encerra a dinâmica pneumatológica.

- Portanto, o termo *anaclese* (também do grego ἀνακαλέω, *chamar para trás, voltar*) significa a ação que o Espírito Santo realiza no momento da volta/retorno ao Pai; em resumo, ser/estar na Santíssima Trindade. A *anaclese* tem um matiz de acontecimento *final, teleológico e escatológico*.

O tríplice dinamismo pneumatológico nasce de um texto da Sagrada Escritura (Is 55,10-11):

Como a chuva e a neve descem do céu e para lá não voltam, sem terem regado a terra, tornando-a fecunda e fazendo-a germinar, dando semente ao semeador e pão ao que come, tal ocorre com a palavra que sai da minha boca: ela não volta a mim sem efeito; sem ter cumprido o que eu quis realizado, o objetivo de sua missão.

Esta *passagem bíblica* apresenta a ação da *epiclese* (baixar, descer, cair, mandar/enviar), da *paraclese* (fecundar, germinar, cumprir, operar) e da *anaclese* (volta com efeito, neste caso, com as mãos cheias), aplicadas à Palavra de Deus.

Quando Cristo, *Palavra de Deus*, faz-se carne na plenitude do tempo (cf. Gl 4,4), nele se realizaram estas três ações do Espírito. De fato, o Espírito Santo e Cristo vão unidos.

Os Padres da Igreja e os escritores da Idade Média estão conscientes das "ações e operações" do Espírito Santo. Os estudos analítico-filológicos, no que concerne à Teologia (segundo o apotegma: *pela filosofia se chega à teologia*), demonstram que o estudo particularizado das fontes litúrgicas romanas, extrarromanas e do Ocidente cristão assegura a presença e a ação do Espírito Santo sobre as pessoas (Cristo, Maria, os fiéis, os homens de boa vontade) e sobre o cosmos (oferendas, realidades da criação), graças à *celebração*. Tal presença-ativa implica algumas finalidades. De fato, a *etiologia* da atuação do Pneuma está ligada à sua *teologia*. Esta linha que vai desde o princípio (*etiologia*) ao fim (*teleologia*) está em contínuo crescimento (*auxanologia*), em que o Espírito Santo age epicletológica, paracletológica e anacletologicamente. No entanto, há momentos em que as ações do Espírito Santo não apresentam essa sucessão lógica que estamos expondo. Por exemplo, no *Cânon Romano* ou *Oração Eucarística I*, existe um texto oracional que começa com o *Nós te suplicamos*, em que as três presenças ativas do Espírito Santo não seguem a ordem "epiclese, paraclese, anaclese", *mas* "anaclese, paraclese, epiclese", ou seja, é inversa:

(anaclese)	Nós vos suplicamos que ela seja levada à vossa presença,
(paraclese)	para que, ao participarmos deste altar, recebendo o Corpo e o Sangue de vosso Filho,
(epiclese)	sejamos repletos de todas as bênçãos do céu.

A questão é que estas presenças ou dinamismos do Espírito Santo não se dão somente nesta Oração Eucarística, mas também nas outras, inclusive em alguns prefácios e orações da coleta, assim como também nos Rituais dos diversos sacramentos e sacramentais. Com isso se quer dizer que o momento epiclético não se reduz somente ao momento da Oração, como vimos no ponto anterior, mas também existem epicleses ou dinamismos pneumatológicos fora dela, até mesmo fora das celebrações eucarísticas. Se pegarmos alguma oração do missal, comprovaremos que, de fato, é assim que se descobrem os três dinamismos pneumatológicos. O estudo das epicleses é um desafio para a teologia litúrgica atual.

4. A linguagem litúrgica e sua dimensão pneumatológica

A linguagem litúrgica é fundamentalmente pneumatológica. Esta linguagem consiste em palavras, gestos, atitudes e elementos rituais.

Na realidade, empregamos a linguagem litúrgica como meio e instrumento da ação do Espírito, a fim de que celebremos os mistérios de Cristo, proclamemos o doce nome do Pai e comecemos a fazer parte dos filhos adotivos de Deus. Portanto, devemos aprofundar-nos no texto literário e na linguagem gestual-ritual da liturgia para vivermos muito melhor o que celebramos e para entrarmos em sintonia vital com o Espírito Santo.

4.1 Traços principais do tema pneumatológico

Na celebração, invoca-se o dom do Espírito; melhor ainda, a própria *celebração é o lugar*, por excelência, *onde se derrama o Espírito Santo*. Por isso, neste ponto, citam-se, bem de relance, algumas orações e fórmulas sacramentais compostas de livros litúrgicos pós-conciliares, em que se podem descobrir suas ênfases pneumatológicas. Já a *Instrução Geral sobre a Liturgia das Horas (IGLH)* lembra que "portanto, não pode haver oração cristã sem a ação do Espírito Santo, que unifica a Igreja inteira, levando-a pelo Filho ao Pai" (IGLH 8).

Assim, por exemplo, os que estudam a presença e a ação do Espírito Santo na liturgia, geralmente, se fixam mais nas *epicleses sacramentárias* e consecratórias da *Ordenação* do bispo, dos presbíteros e dos diáconos, assim como nas unções do Batismo-Confirmação, ou nas epicleses eucarísticas das distintas tradições litúrgicas orientais e ocidentais. Contudo, atualmente, os estudiosos da liturgia se fixam também nas orações litúrgicas que fazem referência ao Espírito Santo, como, por exemplo, a *profissão de fé*, as *doxologias* e, em geral, as *conclusões das orações* ("na unidade do Espírito Santo"; "que viveis e reinais com o Pai na unidade do Espírito Santo etc.). Além disso, encontramos no Oriente cristão e em alguns fragmentos hispano-visigóticos e hinos romanos ("Ó Santo Espírito, que, com o Pai e o Filho, és um só Deus eterno: digna-te já baixar até nós, entrar em nós e derramar-te em nossos peitos" ou *"Nunc sancte, nobis Spiritus"* [Agora, ó Santo Espírito (dado) a nós]) orações dirigidas diretamente ao Espírito Santo.

Diante de tudo isso, podemos afirmar que o Espírito Santo se faz presente não apenas nas fórmulas ou palavras sacramentais, mas também nas diversas orações, gestos e momentos celebrativos. Portanto, deveríamos conceber uma liturgia que passasse de uma *eucologia pneumatófora* (portadora do Espírito Santo ao invocar sua presença e ação) para uma *celebração pneumatocêntrica*, visto que toda a liturgia gira em torno do Espírito Santo: palavras, expressões, gestos, ritos e silêncios.

ESPÍRITO SANTO E LITURGIA

4.2 Principais palavras e termos pneumatológicos

Pode-se enumerar algumas palavras pneumatológicas (verbos, substantivos e adjetivos) que preenchem a celebração. São, por exemplo, *derramar, infundir, enviar, santificar, consagrar, receber, assumir, encher, cumprir, completar, perseverar, reger, confirmar, acender, resplandecer.*

Estes verbos indicam a presença e a ação do Espírito. Assim, por exemplo, em relação à presença, temos estas outras palavras: *dom, amor, devoção, efusão, chama, fogo, calor, fulgor, conselho, caridade, consolação, força, alegria, gozo, deleite, iluminação, luz, dedo de Deus, mão de Deus, inteligência, ciência, sabedoria, potência, virtude, orvalho, expiração, coroa, unção, sal de sabedoria* etc.

Em resumo, todas estas palavras e termos nos levam a compreender que a realidade *litúrgica* está em íntima união com a ação do Paráclito. Com efeito, o Espírito Santo remete-nos à presença de Cristo pascal e ao fundamento do agir *apostólico* dos membros do povo de Deus.

4.3 Gestos

Nas diversas famílias ou tradições litúrgicas, existem gestos pneumatológicos e epicléticos. Podemos recordar somente os mais significativos, chamando a atenção para um princípio derivado do comparativismo litúrgico, ou seja, um gesto litúrgico com a hermenêutica litúrgica. Com este princípio, encontrar-se-iam e intuir-se-iam *gestos-ritos* que compõem a urdidura da linguagem pneumatológica. Vejamos alguns:

* a *mão: imposição* da mão/das mãos; *elevação* das mãos, que é uma variante da imposição; com a respectiva *figura metafórica* da *mão de Deus* (a direita)[9] e *do dedo de Deus;*[10] até o

---

[9] Veja-se, no Missal Romano, a oração da coleta do sábado depois de cinzas: "... estendei, para proteger-nos, a vossa mão poderosa".

[10] Veja-se o hino *Veni, creator: "dextrae Dei tu digitus"*, referido em Lc 11,20.

conceito da mão de Deus plasmada nas mãos do ministro, como diz a eucologia;[11]

- o *sopro: soprar* sobre pessoa/s ou coisa/s; o *alento* sobre pessoas/s ou coisa/s (estes gestos procedem da Bíblia; cf. Jo 3,8: "O vento (o Espírito) sopra onde quer"; Jo 20,21: "Dizendo isso, soprou sobre eles e lhes disse: 'Recebei o Espírito Santo'"); o vento pentecostal (cf. At 2,1-3); *a atitude do corpo* (em geral): a *prostração* (nas ordenações; nas consagrações das virgens; na Sexta-Feira Santa, etc.), correspondente à *proskúnesis* dos bizantinos; a *prostração* vem acompanhada, às vezes, de momentos de *silêncio* e, outras vezes, de *fórmulas epicléticas*, pronunciadas em voz alta por aquele que preside, e/ou da *imposição das mãos*; a *genuflexão*; o estar *em pé, com os braços estendidos* e as mãos levantadas etc. Também é preciso destacar outros gestos/ritos, procedentes do Antigo e do Novo Testamento, que estão carregados de expressões que vêm da história da salvação.

Tudo isso nos leva a deduzir que a linguagem litúrgica tem sua fonte na Bíblia. Isto significa que a linguagem litúrgica deve ser lida e compreendida somente depois de uma iniciação prévia na Sagrada Escritura. Por isso, é preciso recordar que o paradigma da linguagem litúrgica deve ser sempre o bíblico.

4.4 Elementos típicos ou realidades

Além da linguagem e dos gestos pneumatológico-epicléticos, também existe uma gama de elementos típicos ou de realidades que

---

[11] Cf. *Eucológio* ou *Sacramentário* de Serapião de Thmuis, na *Oratio VIII (1)*: "Senhor, Deus das misericórdias, estende tua mão e concede a saúde a todos os enfermos; faze-os dignos de sarar e livra-os da enfermidade de que estão sofrendo". Também encontramos o conceito de *mão de Deus* no sacramentário *Veronense*, editado por L. C. Mohlberg, n. 1331: "... E pedimos tua santa glória para que, por trás desta água, esteja tua mão...", e nos *Pontificais medievais*.

ESPÍRITO SANTO E LITURGIA

significam a *imissão* do Espírito, *presença do Espírito, ação* do Espírito, na linguagem bíblico-litúrgica e litúrgico-comparativa. Recordemos os seguintes:

- o *óleo* de oliva ou vegetal usado para os catecúmenos e os enfermos; também é óleo o sagrado crisma; óleo puro ou misturado com aromas, até mesmo derramado em água. Todos estes têm conotações pneumatológicas;

- o *perfume: bálsamo* misturado com óleo; até mesmo aspergido com perfume, como fazem os bizantinos na "semana grande"; o incenso é também um perfume. Tudo isto tem como conotação o "bom odor de Cristo" (cf. 2Cor 2,15), do qual todo cristão deve estar impregnado como ungido do Espírito;

- o *sal:* sozinho (cf. Mt 5,13; Mc 9,49; Cl 4,6) ou misturado com água, significando o Espírito que, como *sabedoria*, dá gosto e condimenta os elementos, conserva e infunde constância;

- o *anel:* para as virgens consagradas, os esposos (a esposa), os bispos;

- a *coroa:* para os esposos e para as virgens consagradas;

- o *véu:* para as virgens consagradas, cujo significado provém do Espírito Santo que cobriu Maria com sua sombra, protótipo da virgindade consagrada: cf. Lc 1,35 (veja-se, também, em chave pneumatológica: Mt 9,7 e Mt 17,5);

- a *água quente:* que os bizantinos derramam na espécie eucarística do vinho transubstanciado.

Para o homem de hoje e para a pastoral litúrgica, estes elementos (sinais/símbolos) serão muito benéficos, porque encerram toda a sua eficácia e porque indicam a *presença/ação* do Sacro Pneuma.

4.5 O silêncio

O silêncio litúrgico não é uma interrupção ou suspensão da celebração, nem é fazer um descanso das palavras ou ritos. O silêncio tem uma conotação mais profunda: *indica a presença e a ação do Espírito Santo.* O silêncio leva-nos à contemplação, à adoração. Com o silêncio, o fiel enche-se do Espírito Santo e abre seu coração à Palavra do Mestre; percebe-se o sopro do Espírito que nos impulsiona a configurar-nos a Cristo. Em suma, o silêncio litúrgico favorece a união do fiel com Cristo. Por isso, quanto mais profundo é o mistério, mais forte é o silêncio, e maior é a obra do Espírito Santo.

O Espírito Santo é o motor que move o mundo, a vida e a pessoa. A ciência pneumatológica, a que aprofunda no Espírito Santo, não abarca atualmente todas as suas vertentes e dimensões; reduz-se tão somente ao marco das disciplinas teológicas. No entanto, estão surgindo focos de interesse que a relacionam com a liturgia, a sacramentária, a Igreja, o ecumenismo e outras religiões.

O Espírito Santo, em sua passagem pelo mundo e, concretamente, pela celebração litúrgica, *expira, aspira, inspira e sopra* em uma dinâmica *epiclética, paraclética e anaclética.* Estes três apelativos constituem os dinamismos pneumatológicos, que seriam a maneira como se *apresenta, age e expressa* o Espírito Santo.

A epiclese litúrgica sempre estará ligada a uma *paraclese.* Esta é o efeito, o fruto, a consequência da presença e da ação do Espírito Santo ao ser invocado. A união entre a *epiclese* e a *paraclese* desemboca na *anaclese (chamar para trás, voltar).* Tem uma conotação teleológico-escatológica: cheios do Espírito Santo e de seus efeitos, voltamos para o Pai com as mãos cheias de boas obras, santificadas, alcançando, assim, o objetivo para o qual o Espírito veio.

Capítulo 3

Na celebração litúrgica se manifesta o Espírito Santo

"Acercai-vos do altar de Deus, purificai vossos corações, *enchei--vos do Espírito Santo*, ao receber o Corpo e o Sangue de Cristo, para a remissão dos pecados" (*Missa votiva do Espírito Santo do Missal ambrosiano*). Quando alguém comunga, também recebe o Espírito Santo. Ele faz-se presente na comunhão de cada um. O Espírito Santo impregna a celebração litúrgica com sua presença radiante; assim, manifesta visivelmente aquele que é invisível, Jesus Cristo, e congrega os fiéis em torno do altar. Na verdade, o cristão acerca-se do altar impelido pelo Espírito.

Na realidade, o Santo Pneuma age de maneira profética: *falando* do Pai (fonte e origem da celebração) e do Senhor Jesus; e *provocando* a relação entre Deus e o homem. A celebração é o lugar onde a divindade e a humanidade se apertam as mãos, sendo o Espírito o vínculo de união; é o lugar onde a efusão do Espírito alcança seu ponto culminante, salvífico e transformante. O Espírito é total liberdade porque age *como, onde, com quem* e *quando quer*.

Sem sua presença ativa, a celebração não seria litúrgica, mas, antes, um conjunto de ritos sem significado. O Espírito Santo mostra-se tal qual é quando age na celebração para revelar o mistério divino e para despertar as consciências dos fiéis para a verdade.

1. Pistas litúrgico-celebrativas

Graças ao Espírito Santo, a celebração cristã converte-se em acontecimento de salvação. Ela faz com que os fiéis se submerjam no mistério divino e consigam uma vida mais autêntica. Na realidade, faz-se de *dobradiça* para que eles rendam culto a Deus e, assim, santifiquem-se.

Por isso, a celebração litúrgica imprime uma marca espiritual nos fiéis. Eles constituem-se em comunidade celebrante, em povo sacerdotal, em assembleia viva, vivificada, profética, aberta, livre, acolhedora. A celebração anima-os e dá-lhes força; é um lugar de rejuvenescimento espiritual, de equilíbrio cristão, de atenção aos desfavorecidos, de normalidade vital. Pois bem, tudo isso se produz graças ao Espírito Santo.

Por isso, enumeramos alguns pontos que conformam a relação do Espírito Santo e a celebração sob o prisma litúrgico-celebrativo.

a) *A celebração não é somente um conjunto de sinais, gestos ritos e cantos.* Efetivamente, as orações, os cantos, os ritos *constituem* o visível da celebração, mas isso não poderia realizar-se sem um motor invisível que os dinamiza. Este motor é o Espírito Santo. Este dá qualidade e conteúdo à celebração porque intervém, desce, transforma, converte, toma posse total dela.

A presença dinâmica do Espírito Santo na celebração tem *como fim mudar* a vida dos que dela participam; uma vida que deve ser cada dia mais santa à espera do encontro definitivo com o três vezes Santo, no além, na liturgia da Jerusalém celeste.

Não se pode falar de liturgia apenas do ponto de vista ritual ou celebrativo, pois existem outras dimensões, quase ignoradas ou esquecidas, que conformam a ciência litúrgica. A liturgia é, a um tempo, *mistério, celebração* e *vida*. Por isso, concretamente, se alguém quiser estudar liturgia, deverá passar necessariamente pelo estudo sobre o Espírito Santo.

ESPÍRITO SANTO E LITURGIA

b) *A celebração sempre é eficaz graças aos frutos do Espírito Santo.* As pessoas que compõem a assembleia têm suas limitações, não são perfeitas, mas, graças ao Espírito Santo, essas limitações se veem superadas, e a celebração alcança sua plenitude. De fato, a celebração realiza os mistérios de Cristo graças ao Espírito Santo. O sacerdote, juntamente com a assembleia, invoca a presença do Espírito na oração epiclética. O presidente da celebração pede ao Pai que venha o Espírito Santo para transformar os dons e, em seguida, transformar a comunidade. O Espírito Santo desce e age eficazmente, impulsionando os participantes a colaborar em sua ação divina.

Daí que esta invocação (*epiclese*) tenha um objetivo: *levar-nos a Cristo e configurar-nos com ele.* Os frutos, as consequências desta invocação, o resultado da *epiclese* ou *invocação/chamado* é o que chamamos de *paraclese.* Portanto, toda epiclese tem inevitavelmente uma paraclese, como todo chamado deve ter uma resposta.

c) *Os ministérios, serviço da comunidade celebrante, são sinais pneumatológicos.* Os diversos serviços que se apresentam na celebração – leitor, acólito, sacristão, cantores, presidente etc. – são unidos pelo Espírito Santo. Santo Agostinho dizia: "Todos vivemos em um mesmo Espírito".[1]

A celebração alcança seu fim graças a estes ministérios. A todo ministério corresponde um dom do Espírito: o *presidente,* "o catalizador da ação do Espírito"; o *diácono,* "a teca do Espírito"; os *leitores,* "os megafones da voz do Espírito"; o *comentarista,* "o eco do Espírito Santo"; o *salmista,* "a harpa do Espírito"; o *acólito,* "o diácono da energia do Espírito"; o *ministro*

---

[1] Cf. SANTO AGOSTINHO, *Sobre o Salmo 64,7.*

extraordinário da Eucaristia, "o portador do Corpo e Sangue *espiritualizados* de Cristo"; os *cantores*, "os pulmões do Espírito Santo que fazem vibrar as cordas da lira assembleária"; os *músicos*, "os que fazem soar o Espírito" etc.

d) *A celebração e suas partes pneumatológicas.* A celebração faz parte de um todo pneumato-epifânico. Se repassarmos cada uma das partes e dos ritos da celebração da missa ou de outros sacramentos, perceberemos seu alcance e significado pneumatológico.

- No início da missa, quando *se começa a rezar*, é o Espírito quem diz *Abbá-Pai* e *Senhor-Jesus.*

- No ato penitencial ou quando *se faz o exame de consciência* nas Completas, para pedir perdão das culpas, aí está vigoroso o Espírito. De fato, ele é a *remissão dos pecados.*[2]

- Quando *se cantam salmos, o Glória, o Santo*, ou a própria missa, a assembleia, em uníssono, eleva seus acordes e melodias mediante o Espírito Santo.[3]

- *Na Palavra de Deus*, o Espírito Santo fala por meio da voz do leitor, como já dizia Santo Ambrósio.[4] Na realidade, o Espí-

---

[2] O Espírito Santo "é o próprio perdão dos pecados", afirma o Missal Romano, na oração *sobre as oferendas* do sábado da VII semana de Páscoa. Esta oração provém do *Sacramentário Veronense* do século VII.

[3] Cf. Santo Ambrósio, *Comentário ao Salmo* I,9-12: se a assembleia salmodia, é o Espírito Santo que faz do "salmo uma bênção para os fiéis, um louvor a Deus, um hino do povo, um aplauso de todos, uma palavra universal, a voz da Igreja, uma profissão e canto de fé, uma expressão de autêntica devoção, uma alegria de liberdade, um grito de júbilo, um som de alegria. O salmodiar salmos mitiga a ira, liberta os oprimidos, alivia a tristeza, protege na obscuridade, instrui durante a jornada. É escudo de temor, festa de santidade, imagem de tranquilidade, garantia de paz e de concórdia que, como a cítara, obtém uma única melodia [...]. Que é o salmo senão um instrumento musical de virtudes, que ressoa como plectro do Espírito Santo, e que o venerado Profeta clama na terra o doce som celeste?".

[4] Cf. Santo Ambrósio, *Por la muerte del Hermano* I, 61.

rito inspirou a Sagrada Escritura. Ademais, se o fiel acolhe a Palavra de Deus em seu coração e a põe em prática, é que o Espírito Santo está a inspirá-lo.

- As *respostas da assembleia* durante a missão são as sinfonias concretas da voz do Espírito Santo; por isso, a voz do Espírito se converte na própria voz dos fiéis, como dizia São Basílio. O Espírito fala, de algum modo, através de nós na celebração.

- Na *Oração Eucarística* se oferece o sacrifício ao Pai; e o Espírito Santo espiritualiza esta oferenda, transformando a assembleia litúrgica em oferenda perene e agradável ao Pai.

- Na comunhão do Corpo e do Sangue de Cristo, o Espírito Santo transforma o cristão em criatura nova, e o faz ser outro Cristo.

Em uma palavra, *a celebração inteira está impregnada do Espírito Santo*, o qual torna visível e presente o Cristo, uma vez que, na realidade, a celebração nasce do próprio Cristo.

2. Pistas litúrgico-teológicas

A celebração deve ser vista também a partir da teologia em chave histórico-bíblica, ou seja, que a Palavra de Deus, quando lida na celebração, converte-se em Palavra ativa, viva, concreta, dinâmica, transformadora.

A celebração litúrgica, além de realizar-se em um marco temporal e espacial, ou seja, aqui e agora, no presente histórico, tem outra dimensão: ultrapassa o tempo e o espaço, alcançando a catolicidade e a unicidade. Isto quer dizer que a celebração é a mesma, é única: Cristo celebrou seu único sacrifício para sempre. Existe apenas uma missa (a de Cristo), repetida muitas vezes ao longo dos séculos. Não há muitas missas, mas apenas uma.

A celebração atualiza a morte e a ressurreição do Senhor; por outro lado, aproxima também o futuro. Toda a Igreja, inclusive a celestial, celebra no *hoje* litúrgico.

a) *O Espírito Santo, presença no tempo.* O Espírito Santo, que esteve presente e agiu nos fatos históricos realizados por Cristo, agora também está ali onde se celebram os sacramentos e sacramentais. Por isso, Santo Ambrósio de Milão disse: "Buscamos Cristo, onde o busca a Igreja".[5] A celebração é o motor da Igreja, que a impele para Cristo; é o lugar onde Deus salva. Os mistérios da salvação realizaram-se uma vez para sempre, mas se repetem no tempo para o bem dos fiéis.

Precisamente, o Espírito torna possível o memorial (*anamnese*) litúrgico, ou seja, ele é quem *traz*, aqui e agora, a salvação de Cristo, que atualiza os acontecimentos passados do Antigo e do Novo Testamento. Tudo isso é possível através da celebração: ela é o lugar do *memorial* e da *anamnese*.

b) *O Espírito Santo, presença em sintonia e sinergia com Cristo.* Não existe Cristo sem o Espírito Santo, nem o Espírito Santo sem Cristo. Entre eles há uma inter-relação inquebrantável. O cristão que está em sintonia com Cristo também está com o Espírito Santo. A celebração é o lugar dessa *comunicação* de Deus (Filho–Espírito) com os fiéis, e vice-versa; é o canal, o veículo transmissor dessas energias empáticas entre a humanidade e a divindade.

Na celebração, participa-se *consciente, ativa* e *frutuosamente*; daí que celebrar significa entrar em *sinergia* e em *sintonia* com Cristo e com o Espírito Santo. A celebração prolonga, no

---

[5] Cf. SANTO AMBRÓSIO, *Sobre a Virgindade* 16,21.

ESPÍRITO SANTO E LITURGIA

tempo e no espaço, a *sinfonia pentecostal*, sempre nova. Em resumo, ela afeta os fiéis porque os muda e os transforma pela ação do Espírito.

E não poderia ser de outra maneira, pois a *celebração é um evento*, uma *explosão* do Espírito, porque, graças a ele, os crentes renascem para a vida eclesial.

c) *O Espírito Santo, presença atual.* Cristo disse: "Fazei isto em memória de mim"; "Ide, pregai, suscitai a fé, batizai". Este mandato se cumpre cada dia na celebração litúrgica. Os fiéis obedecem a estas palavras e recordam aquelas outras de Deus Pai: "Este é meu Filho, o Eleito, escutai-o" (cf. Mt 3,17; 2Pd 1,17; Mt 17,5; Lc 9,35).

Não resta dúvida de que a celebração é o modo mais visível e concreto que temos para obedecer ao Pai e ao Filho. A razão se encontra no Espírito Santo. Ele abarca e preenche a celebração, transpassando seu marco temporal e convertendo-a em *realidade-metatemporal*, ou seja, para além do tempo.

Com isso, chega-se a entender as frases: "Hoje nos nasceu um menino..."; "Hoje é batizado o Cristo no Jordão..."; "Hoje Maria é assunta ao céu..." etc. Com efeito, podemos afirmar e fazer nossa a frase bíblica: "Cristo ontem, e hoje, e sempre" (cf. Hb 13,8). A liturgia não entende de cálculos cronológicos. O *hoje* litúrgico chega a ser um *cada dia* salvífico. O que aconteceu no passado (memória/lembrança) se converte agora em *memorial* (atualização do passado, presente e futuro).

O Mistério Pascal realizou-se uma vez para sempre, mas, quanto mais vezes se atualiza na celebração, tanto mais vezes se realiza a salvação de todos.

3. Pistas litúrgico-vitais

A celebração litúrgica sempre é diferente, nunca é igual. É verdade que, na esfera *antropológica*, se dão os mesmos ritos, palavras e cantos, mas, *ontologicamente*, cada celebração é sempre uma novidade absoluta em sua *essência, em razão do Espírito Santo* e de seus dinamismos.

Os fiéis crescem espiritualmente na celebração, embora se eles não quiserem ou não estiverem capacitados, não poderão perceber toda a atmosfera que a celebração lhes oferece para amadurecer em Cristo.

a) *O Espírito Santo reúne a assembleia para celebrar.* A celebração é evento de comunhão das energias do Espírito Santo. Ele reparte seus dons segundo as necessidades de cada um. As efusões do Espírito edificam a Igreja e unem os crentes com Cristo. Essas efusões se dão, principalmente, nos sacramentos. Com eles, os cristãos *crescem* e se *santificam*, têm um pouco mais de acesso ao céu.

Por isso, o Espírito Santo *convoca*-os para a celebração e, com suas moções, reúne-os, impulsiona-os ao recinto eclesial, incita-os a celebrar sua fé. Uma vez reunidos em assembleia celebrativa, *invocam* o Espírito Santo com a oração litúrgica. Assim, *acontecem* as *mirabilia Dei* para continuar salvando a humanidade inteira.

Essa presença e ação do Espírito Santo na celebração *provoca* uma mudança de mentalidade moldada segundo a de Cristo. Toda essa dinâmica, *ascendente* e *descendente*, ocorre em cada celebração: o Espírito *convoca*-a, e onde ele é *invocado*, a fim de *evocar* os mistérios celebrados, *provoca* múltiplos frutos e graças.

b) *O Espírito torna Cristo presente.* A celebração é o *lugar*, por excelência, onde o Pai age com suas duas mãos: *a de Cristo e a do*

Espírito.[6] O coração da celebração está na relação com Cristo e com o Espírito. Não se entende um sem o outro. O Espírito é *Cristóforo*, porque nos leva a Cristo. Ali, onde expira e aspira, é para que o Cristo esteja presente. E o Espírito expira em Cristo incessantemente, sempre.

Por outro lado, Cristo é *Pneumatóforo*, porque traz consigo o Espírito Santo. Portanto, a celebração é manifestação tanto de Cristo como do Espírito Santo; quem acolhe um, acolhe o outro.

c) *O Espírito vivifica, sustenta e renova a celebração.* A celebração tem três momentos bem determinados: um *antes*, um *durante* e um *depois*, que coincidem também com os três momentos de atuação do Espírito Santo. A atuação do Sagrado Pneuma não se reduz somente ao momento celebrativo propriamente dito (durante), mas age e está presente *antes* e *depois* dele.

Logicamente, o *durante celebrativo* é o momento ápice, momento da efusão do Espírito Santo que derrama a graça. Contudo, também no *antes celebrativo*, o Espírito tem seu protagonismo, uma vez que *prepara* o fiel e o *predispõe* às moções espirituais; é o momento do *recolhimento*, ao estilo bíblico, para escutar o Espírito com a reunião eclesial (Maria escutava e guardava as coisas em seu coração). Além disso, porém, o Espírito Santo influi e prolonga as graças derramadas na celebração com o *depois celebrativo*. Este momento é um tempo de *continuação espiritual*, de *renovação salvífica*, no qual os efeitos da celebração têm ressonância na vida diária do crente.

Portanto, como conclusão deste ponto, pode-se afirmar que a celebração é uma linguagem, um compêndio orante, teológico,

---

[6] A expressão vem de santo IRINEU DE LIÃO, *Contra os hereges* IV,7,4; 20,1; V,1,3; 5,1; 6,1; 28,4.

profético, missionário e místico. Uma linguagem com a qual se fala *a* Deus e *com* Deus (oração), uma linguagem que fala *de* Deus e *sobre* Deus (teologia), uma linguagem *em lugar* de Deus (profecia), uma linguagem que fala *em favor* de Deus (missionária) e uma linguagem que fala *em* Deus (mística).

4. Cantar a celebração com a voz do Espírito

A celebração manifesta o Espírito Santo. Por isso, ele distribui seus dons e carismas a quem quiser, segundo as possiblidades e capacidades de cada um. O Espírito Santo não se fixa na indignidade das pessoas, nem em suas fragilidades ou debilidades, mas trabalha a beleza interior, incrementando e robustecendo a fortaleza do ser humano. No entanto, precisa de nossa ajuda para ser eficaz e consegui-lo.

O canto e a música litúrgicos *desvelam* e *velam, provocam* e *interpelam*, contam as maravilhas de Deus, *anunciam* algo sempre novo; em resumo, o canto litúrgico é uma *arte* porque manifesta a sinergia do Espírito Santo com o fiel.

Quando um cristão canta na celebração, é Cristo que canta nele. E se Cristo canta, também o faz o Espírito Santo. A vida terrena de Jesus Cristo foi um *canto de louvor* e *glória* a Deus Pai. Por isso, a liturgia, sempre guiada pelo Espírito Santo, *prolonga* quanto Cristo fez em sua vida. Se a vida de Cristo foi um canto, no Espírito, a celebração litúrgica não pode ser senão um canto.

O canto é parte integrante da celebração. Não consiste em cantar na missa, mas *cantar a missa*. A missa é um *canto*, por isso, o ideal seria cantá-la inteiramente. O canto é um instrumento de participação que pretende a perfeição e a santificação, a união da assembleia e uma melhor expressão da ação. A participação litúrgica é um ato *sinfônico, ativo* e *pleno*, em que toda a Igreja, a celeste e a terrestre, unem suas vozes

Espírito Santo e Liturgia

para louvar ao Deus vivo. A assembleia, com sua compostura, gestos e voz, visibiliza a presença do Espírito, que nos coloca em sintonia com Deus através da celebração. Esta não é um mero complemento, mas o melhor caminho que nos leva ao Amor. Tudo o que se canta, realiza-se com o tempo; e o que se cumpre, vive-se; e o que se vive, transmite-se.

Neste ponto, a respeito da celebração litúrgica, é fundamental tratar do canto, pois falar da celebração é falar do canto. Toda celebração é um canto, por isso se deve cantar. Assim o expressou o Concílio, que reformou tudo sobre a antiga *missa cantada* e *rezada* para passar a uma *missa solene*, ou seja, uma celebração cantada em seu conjunto. A *Instrução Musicam Sacram* (1967) explica minuciosamente todos estes aspectos. Mas, infelizmente, quase ninguém captou o pano de fundo deste documento e, por isso, não se seguem suas diretrizes.

Atualmente, a celebração eucarística, concretamente, ainda segue o esquema de missa rezada, na qual se inclui algum canto. Esta mentalidade não responde ao espírito da reforma litúrgica nem à citada *Instrução*.

Portanto, faz-se necessária uma mudança pessoal e comunitária. A assembleia litúrgica não é senão uma comunidade provisória, que se prepara e cobra forças para a vida terrena, mas também para a vida do além, a vida futura. No céu, já se cantam os louvores eternos e perfeitos a Deus. Nosso destino é *cantar a Deus* na eternidade. E a celebração, benfeita, prepara-nos para isso.

4.1 O Espírito Santo, único diretor musical

A celebração é *eficaz*, *verdadeira* e *transformante* graças ao Espírito Santo. O canto e a música são a voz do Espírito que sopra na celebração e unifica a assembleia. Sua finalidade é manifestar o Espírito Santo.

Por isso, quero destacar alguns aspectos que mostram como o canto litúrgico é uma ação tipicamente pneumatológica.

a) *O canto e a música convidam-nos à interioridade.* Quando um cristão canta e escuta as melodias litúrgicas, seu coração eleva-se até às melodias celestiais em sinergia com o Espírito Santo. E torna possível a união entre o céu e a terra também através da música e do canto.

b) *O canto e a música dilatam-se no tempo e no espaço.* Sem canto não há nem verdadeira celebração nem participação eficaz. Por isso, o Espírito Santo induz o fiel a cantar sempre a celebração, porque ele mesmo canta. A celebração é cantada inteira e sempre porque o Espírito Santo se expressa, sopra e desce cantando. Uma celebração que não se conceba a partir desta perspectiva deve ser excluída.

c) *O canto e a música dirigem-se à Trindade.* A finalidade da música litúrgica é *buscar o encontro com Cristo e, junto a ele, louvar o Pai.* Toda a assembleia, os fiéis reunidos, na celebração, têm a incumbência de louvar a Deus; e fazem-no em união, simultaneamente, em comunhão de vida.

d) *O canto e a música fomentam a unidade da assembleia.* A música e o canto são um sinal eclesial que une a *dimensão horizontal* (a terra, os fiéis) e a *dimensão vertical* (o céu, Deus). A música faz superar a intolerância, a aspereza, a rigidez, os retículos entre os fiéis e os situa em um nível harmônico onde ninguém desafina, porque o regente é o Espírito Santo. Os protagonismos e os exibicionismos pessoais de muitos cantores paroquiais sufocam a atuação do Espírito Santo, amortecem sua ação, deixam-no mudo e comprometem seriamente a participação ativa e frutuosa. Infelizmente, pensa-se que somos artífices do estilo celebrativo, que somos nós que temos o domínio da celebração. No entanto, não é assim. O produtor, o assistente de direção, o diretor, o chefe da celebração, o mestre de cerimônia é o Espírito Santo.

Espírito Santo e Liturgia

e) *O canto e a música são um ministério querido pelo Espírito Santo.* Os cantores ajudam os fiéis a cantar. Este serviço é fundamental. Uma assembleia que canta, *sob a direção do Espírito Santo*, é viva, expressiva, verdadeira, participativa, celebrante, crente, unida a Deus, universal, transmissora dos dons do Espírito Santo, criativa, anamnética, perene, pneumatófora, epifânica, icônica, transfigurativa. Que cada um se avalie quanto a este ponto e corrija suas falhas!

4.2 O canto e a música canalizam e veiculam a ação do Espírito

O Espírito Santo leva-nos a Deus. Os fiéis necessitam dele para chegar à santidade, mas ele também precisa de uma resposta da parte dos fiéis.

O Espírito Santo oferece seus dons em uma efusão polifônica; a assembleia responde-lhe cantando agradecida. O estilo com que ela celebra a missa não é marcado pelos ritos ou por determinada música, mas pela *sinergia* com o Espírito. Assim, uma assembleia converte-se em uma *congregação de santos* motivada pelas expressões musicais.

O Espírito Santo transforma o crente; pois bem, se não houver sintonia com ele, banaliza-se a celebração, o crente não progride na vida, e o canto fica reduzido a um cacarejo pronunciado com estética. A música e o canto são a voz e a harpa do Espírito Santo. Ele é a alma da celebração.

O fiel dá glória à Santa Trindade através das melodias e dos cantos. A linguagem litúrgica musical será sempre mais incisiva e penetrante. A Trindade ama-se e comunica-se cantando. E o fiel vê essa comunicação e esse amor na celebração. Nela, o amor trinitário é um hino, um cântico sem precedentes, o canto dos cantos. O fiel, se quiser imitar a Trindade no amor, tem que cantar. Ela ama cantando também. Assim o expressa Santo Agostinho: "Cantar é próprio de quem ama".

A celebração não precisa do canto; em vez disso, a celebração é um canto. Por isso, a comunidade cristã deve ser educada para cantar, sempre com dignidade, moderação e equilíbrio. Quem canta louvores ao Pai, por meio do Espírito Santo, encontra-se com Cristo que louva e glorifica o Pai com cânticos melodiosos. Uma assembleia que canta se *intratrinitariza* e, ao mesmo tempo, sua voz *trinitariza* os outros. Céu e terra unem-se pelo vínculo do Espírito Santo. O ser humano, quando morre, está irremediavelmente fadado a cantar para sempre.

A celebração é o lugar do Espírito Santo; é onde a promessa de Cristo se cumpre com o envio do Espírito Santo; em resumo, a celebração é o lugar onde a presença e a ação do *Pneuma* se fazem vivas e existenciais. Toda celebração é, a um só tempo, efeito da presença e da ação do Espírito, invocado por Cristo, e também oração dos fiéis a ele para que o Pai envie o Espírito. Portanto, a celebração litúrgica é mistério de salvação e, ao mesmo tempo, linguagem *epiclética* e *paraclética*.

Conforme a SC 7, a celebração é ação de Cristo que está presente e age. No entanto, já Santo Ambrósio dizia que "nem Cristo pode ser sem o Espírito, nem o Espírito sem Cristo". Deve-se admitir uma inseparabilidade entre ambas as presenças e ações, ou seja, a celebração litúrgica dirige-se ao Pai, é cristocêntrica e amalgamada pelo Espírito Santo.

Cada vez que se realiza a liturgia, cumpre-se o plano de salvação, visto que o *mistério* celebrado se atualiza para a vida do fiel sempre graças ao Espírito Santo. Portanto, pode-se afirmar que a celebração é um *contínuo Pentecostes*, visto que o Espírito age na Igreja como o fez no dia em que desceu sobre os Apóstolos. Como no ontem salvífico, assim também no

ESPÍRITO SANTO E LITURGIA

hoje litúrgico-salvífico e no futuro salvífico (cf. Hb 13,8), o Espírito Santo age sempre com o mesmo objetivo: *levar-nos a Cristo*. A celebração dos sacramentos é um perene Pentecostes do Espírito, que age como princípio de santificação, de consagração, de louvor.

Capítulo 4

O Espírito Santo, chave da Palavra de Deus

A Palavra de Deus é um acontecimento salvífico, uma realidade única: a Palavra salva também as pessoas. Por isso, quando lemos os textos sagrados da Escritura na celebração, é preciso prepará-la, entendê-la, escutá-la e colocá-la em prática. Sem dúvida, há uma relação muito estreita entre a liturgia e a Palavra de Deus.

As celebrações litúrgicas atuais têm como primeira parte a leitura da Palavra de Deus. A assembleia reúne-se para escutar a Palavra. Ela convoca-nos e constitui-nos como Igreja. Esta Palavra, porém, não o faz por si só, mas pelo Espírito. A comunidade cristã aclama seu Senhor e anuncia-o, mas ninguém pode dizer: "Jesus é Senhor, se não for sob a ação do Espírito Santo" (1Cor 12,3). Esta afirmação do apóstolo se fundamenta em um motivo eclesiológico e cristológico, como indicará mais tarde o Concílio Vaticano II: "Cristo está presente em sua palavra, pois, quando se lê na Igreja a Sagrada Escritura, é ele quem fala" (cf. SC 7. 23). Também o Espírito torna possível que a comunidade escute, alimente-se e chegue a Cristo. Para crer na Palavra revelada, é necessária a graça do Espírito Santo: ninguém pode *aceitar* a pregação evangélica sem a iluminação ou inspiração do Espírito Santo (cf. DV 5).

Portanto, o Espírito Santo desempenha um papel de capital importância na celebração. Não somente age sobre os dons eucarísticos, transformando-os no Corpo e no Sangue de Cristo, mas também sobre a Palavra de Deus. É um momento litúrgico de grande peso. O Espírito transforma a vida dos ouvintes, abre-lhes o coração para que acolham o Senhor e ilumina-os para que deem testemunho de Cristo perante o mundo. O tom epiclético da celebração da Palavra ultrapassa o limite da Oração Eucarística, dando vida a toda a celebração.

1. A Palavra, dom do Espírito Santo

A Palavra de Deus não é lida, é proclamada. Cristo é quem fala nesta Palavra celebrada. Daí a importância deste momento. Em uma série de pontos, exporemos brevemente as características que subjazem à Palavra de Deus. Na realidade, a Palavra é um dom que nos é dado porque a divindade entra em comunicação com a divindade: Cristo fala, mas a voz é o Espírito Santo.

- *A liturgia da palavra não tem um caráter casual.* A assembleia litúrgica é congregada pela Palavra, convertendo-se em uma comunidade visível, mistérica, eclesial. A Palavra constitui a assembleia. Quando alguém vai à igreja a fim de celebrar os sagrados mistérios e escutar a Palavra, não o faz para escutar a si mesmo, mas para escutar o Senhor e recebê-lo. Ele atrai todos a si. O Espírito Santo predispõe-nos, prepara-nos, ajuda-nos a escutar a Palavra de Deus e nos suscita o "amém" da fé, tanto na celebração quanto na vida. Por isso, a Palavra é escutada no Espírito Santo. A liturgia da Palavra é o *sacramento* da Palavra de Cristo: tornar o Senhor visível e audível.

- *A liturgia da Palavra é parte do memorial do Senhor.* Não existe o *memorial* do Senhor sem a proclamação da Palavra. Ela é sempre objeto da celebração.

A proclamação da Palavra não tem valor didático em relação à Eucaristia. Na realidade, prepara-a e nela atinge o ápice: o que a Palavra de Deus anuncia, o sacramento da Eucaristia realiza. Uma não pode dar-se sem a outra. Toda celebração litúrgica começa pelo anúncio da mensagem, prepara nosso coração com as leituras para chegar ao máximo no sacramento.

- *A Sagrada Escritura é o sacramento da Palavra de Deus.* O cristão não professa uma religião do *livro*, mas de uma pessoa: *Cristo.* A Palavra é Cristo. O Pai entregou o Filho, que é a Palavra, no amor do Espírito Santo, e a Igreja Apostólica não só escutou esta Palavra do Senhor, mas também a recebeu como semente, segundo o estilo mariano, capaz de dar forma à Sagrada Escritura. A Palavra é de Cristo, e não da Igreja. A Igreja afirmou a veracidade desta Palavra e testemunhou-a, colocando-a, em seguida, por escrito. A Igreja existe antes do Novo Testamento, antes da Escritura.

- *A pregação coloca-nos em relação com Cristo.* Quando alguém prega, presbítero ou diácono, não o faz em referência ao texto, mas a uma pessoa, àquela que está por trás do texto: *Cristo.* O diálogo estabelece-se entre o Senhor da Glória e a assembleia: o diácono ou presbítero faz as vezes de ponte entre Cristo e a assembleia que celebra. A Palavra é Cristo; e a Escritura não é autônoma, mas faz parte do mistério de Cristo. A Escritura sem a Igreja se converteria em um simples livro, não seria nada. A Escritura é uma forma *humilhada* da Palavra de Cristo.

- *O Espírito vivifica constantemente a Palavra do Senhor*: a Palavra é, aqui e agora, acolhida, celebrada e orada pela assembleia.

A Palavra está a serviço da assembleia não no sentido de que esta seja maior do que aquela, mas de que na assembleia litúrgica se realiza um acontecimento, uma Aliança: *entre Deus, que fala, e a fé da assembleia*. A liturgia faz com que a proclamação da Palavra seja história da salvação, um acontecimento que salva. E tudo isso graças ao Espírito Santo.

2. Presença e ação do Espírito na Palavra

O Espírito Santo está presente e age na proclamação da Palavra de Deus. Esta afirmação é explicada no *Elenco das Leituras da Missa* (ELM). O Espírito aflora quando se proclama a Palavra dentro de um contexto litúrgico. Os *Praenotanda* explicam estes dois temas: a presença e a ação do Espírito na Palavra. E fazem-no em uma dupla direção: na acolhida adequada e na colocação em prática por parte das pessoas que participam da celebração litúrgica.

a) Sobre a presença, parte-se da seguinte afirmação: "Na ação litúrgica a Igreja responde fielmente o mesmo 'Amém' que Cristo, mediador entre Deus e os homens, pronunciou, de uma vez para sempre, ao derramar seu sangue, a fim de selar, com a força de Deus, a nova Aliança *no Espírito Santo* (ELM 6a). A resposta da assembleia litúrgica a essa Palavra escrita, sob a inspiração do Espírito Santo, chega a ser uma resposta no Espírito Santo (cf. ELM 2). Assim o constata também a ELM 4c, quando diz que "a Palavra de Deus, proposta continuamente anunciada na liturgia, é sempre viva e eficaz *pelo poder do Espírito Santo*".

Portanto, a celebração litúrgica começa por uma parte fundamental: *a proclamação das sagradas Escrituras*. Esta parte está impregnada do Espírito Santo, alma e vitalidade da liturgia.

ESPÍRITO SANTO E LITURGIA

Daí que a ELM sublinha a *relação entre Palavra de Deus e ação do Espírito Santo.*[7] A ação é Palavra de Deus celebrada, fruto do Espírito Santo, *lugar onde ele floresce,* e *salvação* para os fiéis.

b) Sobre a ação do Espírito Santo na Palavra de Deus, os *Praenotanda* destacam o influxo que exerce na assembleia ou naqueles que a escutam. Quando Deus fala, espera sempre uma resposta, a qual é audição e adoração "em espírito e verdade" (Jo 4,23). O *Espírito Santo torna eficaz esta resposta,* traduzindo, assim, na vida o que se escuta na ação litúrgica, segundo a frase da Carta de Tiago: "Tornai-vos praticantes da Palavra e não simples ouvintes, enganando-vos a vós mesmos" (Tg 1,22).

Os fiéis necessitam de uma fé viva para acolher a Palavra de Deus. Esta penetra em suas vidas. E, quanto mais a escutam, mais aumenta sua eficácia neles. Na realidade, a fé nasce da mensagem, e a mensagem consiste em falar de Cristo. No entanto, nem todos dão ouvidos ao Evangelho (cf. Rm 10,17).

A Palavra, quando anunciada na Igreja e posta em prática, ilumina os fiéis; nisso age o Espírito Santo, que os conduz a viver o mistério do Senhor (cf. ELM 47b). Dito de modo mais concreto: *a Palavra de Deus se faz sacramento sob a ação do Espírito Santo.*

Efetivamente, a veneração com que deve ser escutada a Palavra de Deus é comparável à veneração que se tributa ao Corpo de Cristo (cf. SC 24; DV 21a). Em toda celebração litúrgica,

---

[7] ELM 9: "Para que a Palavra de Deus realmente produza nos corações aquilo que se escuta com os ouvidos, requer-se *a ação do Espírito Santo,* por cuja *inspiração* e *ajuda* a Palavra de Deus se converte no fundamento da ação litúrgica e em norma e ajuda de toda a vida. Assim, pois, a atuação do Espírito Santo não só *precede, acompanha* e *segue* toda a ação litúrgica, mas também *sugere* ao coração de cada um tudo aquilo que, na proclamação da Palavra de Deus, foi dito para toda a comunidade dos fiéis; e, ao mesmo tempo que *consolida* a unidade de todos, *fomenta* também a diversidade de carismas e a *multiplicidade* de atuações".

especialmente na Eucaristia, há duas mesas: *a da Palavra* e *a do Corpo e Sangue de Cristo* (pão e vinho). Uma não pode acontecer sem a outra; o sacramento torna-se incompreensível sem a *comunhão* prévia com a Palavra de Deus.

Essa união entre rito (*sacramento*) e palavra é tão íntima e profunda que, cada vez que proclamamos as leituras, mesmo que seja fora da celebração, somos remetidos constantemente a aproximar-nos do sacramento. A Palavra leva-nos a *comer* o Senhor em seu Corpo e em seu Sangue (*Eucaristia*), leva-nos ao *banho* regenerador (*reconciliação*), ao *banho* em água e em espírito (*Batismo/Confirmação*). Receber a Eucaristia na missa, sem antes ter escutado a Palavra de Deus, seria forçar o esquema, diminuir o efeito e a atuação de Deus; em resumo, seria privar-nos da Páscoa do Senhor Ressuscitado (os discípulos de Emaús descobriram o Cristo quando este partiu o pão; contudo, anteriormente seus corações foram se preparando e chegaram à mesa, porque, durante o caminho, o Senhor lhes falou com sua Palavra).

3. Dóceis à escuta da Palavra

Na celebração *litúrgica*, a proclamação da Palavra exige sempre uma *atitude de docilidade* por parte dos fiéis. Com a escuta constante das Sagradas Escrituras, o Povo de Deus faz-se *dócil, amolda*-se ao que Deus quer, vai-se *transformando*. Na realidade, o Espírito Santo ilumina-o e fortalece-o para que fale de Cristo ao mundo (cf. ELM 12).

Assim, pois, a Palavra de Deus celebrada na liturgia alcança *sua máxima eficácia*, uma vez que se converte em evento salvífico pela presença e ação do Espírito. A Palavra é sempre nova, eficaz e, embora se repita nas diversas celebrações ao longo do ano, sempre nos dirá algo novo e diferente, sempre haverá nova interpretação. Cada ação litúrgica é nova, viva e frutuosamente plena.

ESPÍRITO SANTO E LITURGIA

A celebração litúrgica recorda-nos o que o Espírito foi suscitando nas gerações cristãs para o bem delas. O Espírito é a *memória* da Igreja. Os textos da Sagrada Escritura, proclamados no "hoje" da liturgia, iluminam-se com uma luz própria.

A assembleia celebrante entra em sintonia e sinergia com o Espírito, quando se proclama a Palavra de Deus. Neste momento, os fiéis devem ser mais dóceis ao mesmo Espírito; efetivamente, a mensagem da Sagrada Escritura não pode ser separada da vida. Neste sentido, o pregador converte-se em *mistagogo* dos que o escutam.

3.1 A Palavra partida

A comunidade reúne-se para escutar a Palavra de Deus. Deus fala-nos através da Sagrada Escritura. Na mesa da Palavra, portanto, *parte-se o texto sagrado* para que, antes de mais nada, nos alimente com a escuta, a meditação e a vivência do que Deus nos transmite. Aos discípulos de Emaús, antes de sentar-se à mesa e descobrir o Senhor quando partiu o pão, já se lhes ardia o coração e se entusiasmavam quando, pelo caminho, o escutavam explicar as Escrituras. Este momento é fundamental, visto que os preparou para a Ceia. Sem a Palavra de Deus, não se tem acesso ao sacramento. *Partir a Palavra* é proclamar os textos bíblicos para alimentar os fiéis com o que Deus nos diz.

A liturgia divide os textos sagrados segundo a celebração de cada dia. Poderíamos dizer que a liturgia é a depositária da Palavra de Deus. A Liturgia venera a Bíblia como símbolo de Cristo. A divisão das leituras, segundo as festas e os dias, é feita pela Igreja, dado que ela não é somente uma escola de exegese, mas a intérprete da Palavra; interpretação que chega a ser teologia.

Uma leitura ativa e dinâmica da Bíblia converte-se em uma leitura autêntica. Na realidade, a Palavra de Deus transforma a quem a escuta; é fonte de vida nova que nos leva a Cristo, o qual está presente nos sacramentos, mas também na Palavra proclamada. *O lugar da Palavra é a liturgia.*

A Palavra de Deus sem uma assembleia litúrgica seria uma palavra morta, ou seja, foi escrita para um espaço comunitário, sendo a assembleia litúrgica o lugar por excelência da Palavra de Deus: com sua leitura e vivência, abre-se o grande tesouro de Deus para as pessoas. A liturgia não inventa a Palavra, mas recebe o escrito sagrado, decodifica-o e interpreta-o, vivifica-o, transmite-o e o faz emergir até à vida. A liturgia é, portanto, autêntica *exegese* que ilumina a Palavra. A finalidade desta Palavra é chegar a uma assembleia autenticamente litúrgica.

Contudo, para que a Palavra seja transmitida com toda a sua força e poder, é preciso bons leitores que *repartam* a Palavra de Deus com a comunidade. O ministério do leitor é difícil, porque nem sempre a preparação espiritual, a bíblico-litúrgica e a técnica são as melhores. Em grande parte, depende do leitor que os ouvintes se deixem interpelar pelo Deus que lhes fala. A precipitação, a má pronunciação, a voz baixa, o mau uso do microfone, a má declamação dos textos, o pouco conhecimento bíblico e litúrgico e, principalmente, o fato de o leitor não crer ou de não ter fé naquilo que lê, são os defeitos mais comuns e piores das leituras em público.

Deus não age por meio de milagres, fazendo com que todos escutem e entendam o que diz, mas se vale da mediação humana, neste caso, do leitor, para fazer chegar sua mensagem. Se a intervenção dessa mediação (leitor) for nefasta, rompe-se o canal de comunicação entre Deus e as pessoas.

Por isso, entre outras coisas, é preciso dar vida ao texto, deve-se ser apto e estar preparado para proclamar a Palavra. O leitor, ademais, fica tocado pela Palavra que lê. Na realidade, é o primeiro ouvinte da Palavra: meditou-a, interiorizou-a, repassou-a, rezou-a, preparou-a. Deixa-se *convencer* e *atingir* por ela.

Estes passos fazem com que o leitor acredite no que proclama. A assembleia vê o comunicador, mas, acima de tudo, vê aquele que acredita, que está cheio do Espírito Santo. O bom leitor é *dócil* à Palavra, conserva-a em seu coração e a põe em prática.

O CIC n. 1101 diz: "É o Espírito Santo que dá aos leitores e aos ouvintes, segundo as disposições de seus corações, a compreensão espiritual da Palavra de Deus. Por meio das palavras, das ações e dos símbolos que formam a trama de uma celebração, o Espírito põe os fiéis e os ministros em relação viva com Cristo, palavra e imagem do Pai, a fim de que possam fazer passar à sua vida o sentido daquilo que ouvem, contemplam e fazem na celebração".

3.2 A Palavra repartida

A Palavra *repartida* vem a ser a homilia, quando o ministro ordenado explica e interpreta os textos escutados e proclamados, inflamando e preparando o coração dos fiéis. Assim se pode falar como *repartir*, explicar, essa Palavra celebrada. Não vamos esclarecer o que é a homilia, seu significado teológico, litúrgico e os passos para elaborá-la; ao contrário, sublinharemos os aspectos pneumatológicos, que são os que interessam para nosso tema.

Então, a homilia é também o lugar da presença e da ação do Espírito Santo; os motivos especificam-se nos pontos seguintes:

- *Não existe nenhuma liturgia sem o Espírito Santo.* A celebração litúrgica, em seu conjunto e em cada uma de suas partes, é manifestação do Sagrado Pneuma. Por isso, a homilia, pelo fato de ser ato litúrgico e fazer parte da celebração, tem algumas conotações pneumatológicas.

- A homilia está sob a proteção, o amparo e a força do Espírito, visto que seu fim último é fomentar o culto em espírito e verdade (cf. Jo 4,24).

- A Palavra de Deus é repartida na homilia para vivificar a comunidade orante. O Espírito Santo é o artífice que torna possível que o fiel compreenda e assimile a Palavra para sua vida.

- O conteúdo da homilia se dirige ao *louvor* e à *oblação espiritual*. Isto quer dizer que a homilia tem uma *dimensão doxológica*, o que se traduz em: *presença e ação do Espírito Santo*.

- A homilia deve levar ao conhecimento de Deus e de seus desígnios de salvação (cf. 1Cor 12,8-10). Contudo, são fundamentais as qualidades do pregador, embora estas não seriam tais sem o Espírito Santo. Ele age no pregador e o faz dizer o que tem a dizer. A homilia não pode ser apenas fruto das qualidades do pregador, posto que, logicamente, exija suas capacidades. Em suma, a homilia está sob o *amparo luminoso* do Espírito Santo.

A palavra *homilia* significa "irrupção do Espírito Santo". Uma irrupção que se faz patente no pregador e nos fiéis. O pregador é o pedagogo da fé, uma vez que se ocupa do crescimento espiritual de cada um. Por isso, também, pode ser chamado de *ungido*, porque está sob o influxo do Espírito Santo, em cujo círculo sinergético entram também os fiéis.

Por isso, deve-se destacar algumas aptidões próprias tanto do pregador quanto dos ouvintes-participantes na homilia em sua sintonia com o Espírito Santo.

- *O pregador deve ter as seguintes qualidades:* clareza na exposição; lógica no argumento; capacidade de persuasão, exortando a viver segundo a Palavra de Deus; dons de liderança; senso do real; capacidade de diagnosticar certas situações, para individuar terapias apropriadas que respondam às necessidades espirituais de uma comunidade; percepção da hierarquia de verdades a serem transmitidas; manter-se em consonância com os postulados evangélicos; entrar em contato com a tradição; oportuna insistência ao substancial (cf. 2Tm 4,2); dom de ensinar; intervenções proféticas; atuação sob o impulso e a inspiração do Espírito Santo. Em resumo, o pregador é *discípulo* atento e solícito do Espírito Santo.

ESPÍRITO SANTO E LITURGIA

Ademais, deve destacar-se por sua bondade e benignidade, visto que são frutos do Sagrado Pneuma. De forma especial, um pregador deve ser *otimista*; sem isso, não poderia exercer sua missão. No exercício de seu ministério, deve ser *discreto e prudente*, conjugando a *confidência* (no Espírito Santo) e a *confiança* (nos fiéis).

O pregador deve sua existência *ao Espírito*, que o inspira para que seja transmissor da verdade, ou seja, de Cristo Senhor.

Em resumo, o pregador, sob a epiclese do Espírito, está repleto do Espírito.

- Os fiéis que participam da homilia também precisam da ajuda constante do Espírito Santo. Ele torna compreensíveis as coisas espirituais e concede aos fiéis quatro dons que devem assumir como atitude e disposição para suas vidas.

- *A docilidade*: o fiel torna-se *dócil* na escuta da Palavra de Deus; *deixa-se educar* por ela, o que o leva a estar em uma contínua conversão.

- *A docibilidade*: o fiel é cada vez mais dócil ao Espírito. A Palavra de Deus explicada pelo pregador age com eficácia em cada um; assim, os fiéis vivem uma experiência interior do Espírito Santo. A Palavra de Deus é assimilada e interpretada de modo diverso pelos fiéis graças ao Espírito Santo. Quanto mais se acolhe a Palavra e se lhe é dócil, mais se alcança o Espírito Santo.

- *A disponibilidade*: este dom leva a ter um coração aberto ao que pede o Espírito. Quem está disponível, deixa-se modelar, acolhe os ensinamentos, está em vias de mudar sua existência.

- *A dilatabilidade*: o fiel deve cultivar a *dilatação* de seu próprio ânimo e de suas virtudes no "orvalho do Espírito Santo"; assim se livrará dos obstáculos que existem entre a escuta/acolhida da Palavra de Deus e sua vivência. Com essa atitude, o fiel logra uma vida íntegra e plena. Este dom concede a confiança no Espírito e a fidelidade a ele.

Na Palavra de Deus, o homem manifesta-se e santifica-se. Na celebração da Palavra, concentram-se o passado, o presente e o futuro: recordam-se os fatos acontecidos no passado, a história salvífica e, ao mesmo tempo, prepara-se o futuro; no presente, porém, atualiza-se. Daí que a Palavra seja sempre dinâmica e viva, agindo em nós.

A liturgia é o lugar teológico onde a Palavra de Deus se encontra totalmente *nas mãos dos fiéis*: participam dela, pois é alimento espiritual. Sem dúvida, a Palavra transforma a existência da pessoa.

Quando o fiel responde à Palavra de Deus, na celebração litúrgica, afirma com sua resposta a adesão ao Espírito Santo.

O fiel escuta, aprofunda, aceita, frutifica, anuncia a Palavra. É preciso saber descobri-la e acolhê-la. Na celebração litúrgica, a Palavra torna-se eficaz e viva; torna-se oração. Em resumo, a Palavra fomenta a vida espiritual dos fiéis e penetra em seus corações para transformá-los.

Capítulo 5

A presença e a ação do Espírito Santo na assembleia litúrgica

A assembleia litúrgica não é uma reunião qualquer de pessoas, nem uma associação, nem um encontro de amigos, nem um simples grupo que assiste à missa; é algo muito mais profundo, que adentra os "sinais divinos", ou seja, *surge* e *se constitui* pela força de Deus, concretamente, pela obra do Espírito Santo. A assembleia é uma realidade *humana* e *divina*, ao mesmo tempo, em que os fiéis entram em sintonia com as Pessoas Divinas. De fato, o Pai e as diversas presenças de Cristo e de seu Espírito imprimem na assembleia litúrgica dinamismos que a configuram à imagem de Deus. *Toda assembleia litúrgica é ícone visível da invisível vida intratrinitária.* Nesta vida, há duas realidades que a constituem: *o amor* (cf. 1Jo 4,8.17) e *a glória*; realidades que, em menor escala, também estão presentes na assembleia litúrgica.

1. A participação dos fiéis

A *participação* constituiu o principal catalizador do movimento litúrgico que desembocou nos debates do Concílio Vaticano II. O

Concílio propôs como ideia-diretriz da celebração litúrgica a expressão *participatio actuosa*, a participação ativa de todos na obra de Deus, ou seja, no culto divino.[1] Além disso, a SC tratou este tema da participação de forma reiterada, entendendo-a não como um aspecto a mais da pastoral litúrgica, mas como pressuposto próprio da noção de culto. Neste documento conciliar, a *participação* consciente, ativa e frutuosa é contemplada como uma exigência *da natureza própria da liturgia*, fundada no caráter sacerdotal de todo batizado e, por isso, sujeito de *direitos e obrigações* sacramentais.[2]

Se a liturgia é entendida como manifestação e presença do mistério de Cristo, a *participação* converte-se em uma dimensão constitutiva da liturgia. Isto significa que a liturgia não se reduz somente às rubricas, à estética, ao cerimonial, nem sequer ao momento celebrativo, mas é algo muito mais profundo, que aponta para o próprio coração do acontecimento litúrgico. Daí que a *participação* tampouco pode ser considerada a partir de seus aspectos funcionais, ou seja, embora uma pessoa não *intervenha* na celebração, nem leia diante da assembleia, também está participando ativamente. Por isso, o motor dessa *actuosa participatio* não deve ser buscado nas modulações externas, mas na comunhão e na interiorização de vida entre Deus e o fiel.

Nesse contexto, podemos chegar a uma definição do termo *participar*: outra coisa não é senão *submergir-se* no Mistério que se faz presente na ação sacramental e na vida. Quem chega a isto, participa da alegria divina, desfruta de Deus, une-se à Trindade. A participação é algo fundamental para a liturgia e os sacramentos. Na realidade, o Espírito Santo é quem ajuda os fiéis a introduzir-se no íntimo de Cristo. Se não houvesse essa participação, não existiria a plenitude sacramental, não se chegaria à sua última verdade. Portanto, a palavra *participação*

---

[1] Cf. J. RATZINGER, *El Espíritu de la liturgia. Una introducción*, Madrid 2002, 195.

[2] Cf. SC 11 e 14.

significa "ter parte em", e não "assistir a". Quem *assiste* à missa não está participando. Por isso, a preocupação da pastoral litúrgica é chegar ao íntimo da celebração.

A SC pede, antes de mais nada, a participação dos fiéis. Isto se traduz, entre outras coisas, em que o sujeito integral da celebração é a assembleia. Toda ela é celebrante, porque celebrar é próprio da comunidade reunida em torno de Cristo, expoente máximo de toda ação litúrgica.

Celebrar a liturgia é fazer festa; é *harmonizar-se* com Deus, entendido como encontro amoroso de Deus com a humanidade.[3] A participação converte-se em condição necessária, que leva à transformação ontológico-existencial da vida humana em Cristo.

Apesar disso, não se deve pôr toda a ênfase na *participação ativa* entendida a partir da interioridade; é preciso também a expressão externa, que a visibiliza, isto é, a boca fala do que se encontra no coração. A *participação* apoia-se nos gestos, cantos, orações, rubricas, no rito. A interioridade sozinha é estranha à ação litúrgica. O ideal seria estabelecer um equilíbrio entre o interno e o externo. Por isso, o Concílio utiliza três adjetivos para captar como deve ser essa participação:[4]

> a) *Consciente.* A ação litúrgica deve ser *compreensível* e *compreendida* tanto na linguagem verbal quanto na gestual. Essa compreensão não é apenas de tipo racional ou teórico, mas vivencial e experiencial. O cristão tem que ter a capacidade

---

[3] Cf. A. LUCAS MAQUEDA, "El juego na liturgia según Romano Guardini", *Liturgia y Espiritualidad* 37 (2006) 257-263; 312-317.

[4] Cf. SC 14: "É desejo ardente na mãe Igreja que todos os fiéis cheguem àquela plena, consciente e ativa participação nas celebrações litúrgicas que a própria natureza da liturgia exige e que é, por força do Batismo, um direito e um dever do povo cristão, 'raça escolhida, sacerdócio real, nação santa, povo adquirido' (1Pd 2,9; cf. 2,4-5). Na reforma e incremento da sagrada liturgia, deve dar-se maior atenção a esta plena e ativa participação de todo o povo, porque ela é a primeira e necessária fonte onde os fiéis hão de beber o espírito genuinamente cristão. Esta é a razão que deve levar os pastores de almas a procurarem-na com o máximo empenho, através da devida educação".

de *admirar-se* e de *maravilhar-se* com o Mistério que se celebra. Isto quer dizer que a liturgia, em princípio, é só para os iniciados na fé e sempre exige um caminho catequético, um processo formativo, no qual os fiéis vão amadurecendo e aperfeiçoando-se em Cristo. Que *tenham acesso* à liturgia os verdadeiramente iniciados, os que se deixam *atingir* pelos mistérios sagrados, os que *veem* o Senhor, como o viram os discípulos de Emaús sentados à mesa.

Talvez em nossas celebrações haja um excesso de palavras, de didáticas baratas; parece que tudo tem de ser explicado, tem-se medo do silêncio. No entanto, o *altar* não é uma mesa de conferências de onde se dá uma aula magistral para que o povo compreenda os mistérios. Na celebração, não se deve explicar tudo, mas, ao contrário, deve-se dar passagem ao Mistério, permitir que os fiéis se comuniquem com Deus, e não assistam a uma *aula*.

Na realidade, o problema não é a celebração em si mesma, mas a falta de fé dos que se reúnem na assembleia. Como celebrar aquilo em que não se crê e que não se vive?

b) *Piedosa*. Para alguns, esta palavra pode já estar ultrapassada, fora do contexto atual, pode até mesmo parecer *reacionária*. Na realidade, porém, tem conotações especiais, porque está cheia da unção espiritual. A *piedade* é um dom do Espírito Santo e, acima de tudo, busca uma interioridade celebrativa. O cristão *tocado* pelo Espírito com o dom da piedade está convencido de que Cristo é o centro da liturgia, de que o Senhor Ressuscitado está presente na celebração para santificar-nos. Daí que se deixe arrastar pela piedade, essa atitude orante e contemplativa que desemboca, mais tarde, na ação. O cristão, sacerdote ou leigo, deverá ser, pois, um *contemplativo* na *ação*. E na celebração é onde se alimenta e se encontra com Deus.

Por conseguinte, deveríamos perguntar-nos se nossas celebrações são orantes de verdade e se essa dimensão contemplativa está presente nas celebrações atuais.

Em resumo, é preciso rezar a celebração, cantá-la, convertê-la em arte litúrgica. O cristão é um *artista*, como o é seu Criador, Deus Pai. Assim entendida, nem todas as canções, orações e estilos celebrativos ajudam a piedade.

c) *Ativa*. A assembleia deve envolver-se com a celebração sem deixar-se levar nem pelos modismos nem pelas ações ou modos de tipo *epidérmicos*, como podem ser as influências da *Nova Era*. Deve-se buscar o equilíbrio entre a rubrica, a criatividade e a novidade, conservando à margem o que estiver contaminado por ações supersticiosas ou distanciadas do sentir religioso da vida. O fiel participa ativamente submergindo na celebração, comunicando-se com Deus, visibilizando suas atitudes internas e externas. No entanto, muitos, em vez de buscar a Deus, buscam a si mesmos, deslocando o mistério para colocar-se no centro. O protagonismo é um mal que espreita os que intervêm na celebração: os leitores, os acólitos, os cantores, os próprios sacerdotes; no entanto, todos são apenas servidores da ação litúrgica, prestam um serviço à comunidade.

Para se chegar a uma celebração ativa, é preciso saber que a lei litúrgica (as rubricas, o cerimonial) não é a finalidade da celebração, tampouco catequizar na missa, mas sim o próprio Cristo.

2. O Espírito Santo constitui a assembleia litúrgica

No Missal Romano, a oração da coleta da quarta-feira da VII Semana de Páscoa diz assim: "Ó Deus misericordioso, concedei que a vossa Igreja, reunida no Espírito Santo, se consagre ao vosso serviço num só coração e numa só alma".

Nesta oração litúrgica, como em tantas outras, o Espírito Santo, admirável construtor da unidade, reúne a família de Deus (ou seja, a assembleia) para que manifeste dignamente a universalidade do povo de Deus e seja sinal e instrumento da presença de Cristo no mundo.[5]

Santo Irineu já havia sublinhado a íntima relação entre o Espírito Santo e a "assembleia-*igreja*", quando escreveu:

> Deus estabeleceu apóstolos, profetas e doutores na Igreja, e todas as outras obras do Espírito, das quais não participam todos os que não acorrem à Igreja, privando-se a si mesmos da vida, por causa de suas falsas doutrinas e péssima conduta. Onde está a Igreja, aí está o Espírito de Deus, e onde está o Espírito de Deus ali está a Igreja e toda a graça.[6]

Ademais, outra famosa afirmação da *Tradição Apostólica* de Hipólito dizia que a *igreja* (= assembleia) é o *lugar onde floresce o Espírito*.[7]

A assembleia litúrgica (congregação na unidade) é, a um tempo, *efeito* da ação do Espírito Santo e *âmbito* onde ele se faz presente. Esta ideia aparecia no *Sacramentário Veronense (Ve)*. Este incipiente livro litúrgico medieval já dizia que a *Igreja é congregada graças ao Espírito Santo*.[8] Contudo, muito antes, Santo Agostinho comparava o Espírito Santo a um laço que une, ata e amarra a Igreja de Deus, ou seja, que reúne a comunidade litúrgica na unidade do Espírito.[9]

---

[5] No Missal Romano, a Coleta do formulário *pela Igreja local*.

[6] SANTO IRINEU, *Contra as heresias* III, 24.

[7] SANTO HIPÓLITO, *Tradição Apostólica* 41: "Por isso, cada um deve se preocupar em ir à igreja, onde o Espírito Santo floresce".

[8] Cf. L. C. MOHLBERG; L. EIZENHÖFER; P. SIFFRIN (ed.), *Sacramentarium Veronense*, Herder, Roma 1956, n. 211.

[9] Cf. SANTO AGOSTINHO, *Discurso* 71, cap. 20,33: "O laço de união na Igreja de Deus, fora da qual não há remissão dos pecados, é como a obra própria do Espírito Santo, com a cooperação, claro está, do Pai e do Filho, visto que o Espírito Santo é, de alguma maneira, o laço entre o Pai e o Filho".

De modo geral, em muitas ocasiões os Padres da Igreja falaram da assembleia litúrgica.

- Santo Ambrósio dirá que, quando uma assembleia reza unida, é capaz de "unir também os irmãos separados, atrair os extraviados e reconciliar os pecadores".[10] Além do mais, costumava explicar que, se alguém tem medo, que vá correndo à assembleia litúrgica; assim, todo pavor desaparecerá, porque está presente o Espírito, amor doado. Se também alguém se equivoca e falha, na assembleia orante lhe fará desaparecer todo erro e todo equívoco.[11]

- São Cesário de Arles dirá que, "quem quiser receber a vida, que mude de estilo e de forma de viver".[12]

- São Paulino de Nola desejava ao bispo Alípio, por ocasião de sua escolha para o episcopado, que o Espírito Santo, derramado no mundo, alegrasse a cidade para a qual havia sido nomeado bispo e, assim, fomentasse a comunhão com a Sé Apostólica.[13]

Diga-se de passagem que uma assembleia litúrgica que queira ser autêntica deve estar em comunhão com o Papa, com seu bispo e, portanto, com toda a Igreja. Esta se manifesta em todo seu esplendor e plenitude quando os fiéis celebram os sagrados mistérios em torno do bispo.

---

[10] Cf. SANTO AMBRÓSIO, *Comentário ao Salmo I*, 4,9-10.

[11] Santo Ambrósio, *Comentário ao Evangelho de Lucas*, IV,71: "Encontra-se a segurança onde está o amor perfeito".

[12] Cf. SÃO CESÁRIO DE ARLES, *Discurso* 187,1.

[13] Cf. SÃO PAULINO DE NOLA, *Carta III a Alípio*, 1,5-6: "Assim, pois, alegramo-nos e gloriamo-nos no Senhor, que, sendo um e mesmo em todas as partes da terra, opera nos seus um amor no Espírito Santo, que derramou sobre toda carne, alegrando a cidade como no curso de um rio, entre cujos cidadãos te colocou como principal entre os principais de um povo na Sé Apostólica...".

- Santo Agostinho dirá que a união entre os fiéis leigos e seus pastores só se realiza por meio de um "dom": *o Espírito Santo*. Dom que também une o Pai e o Filho. Além do mais, animava seus ouvintes dizendo que, se ouvem a voz do Senhor, é que o Espírito está falando-lhes. Portanto, se escutarem quem os chama, ele os escutará quando o invocarem.[14]

Em resumo, a assembleia litúrgica é convocada pelo Espírito Santo, que abre as portas para a esperança, infunde a fé nos corações dos fiéis e provoca a união e a caridade entre todos eles.

3. A assembleia litúrgica descobre-se *celebrante* pelo Espírito

A assembleia litúrgica é *celebrante*. Sua oração redunda em benefício de todos e chega a ser sinal da presença operante do Espírito. Na celebração se cumprem os acontecimentos salvíficos realizados por Deus e aparece o *mistério*; tudo isso, graças à ação sinérgica do Espírito e à oração da assembleia. Quando ela está sob a ação do Espírito Santo, dá-se uma verdadeira celebração. O Espírito "desce" (epiclese) sobre cada um dos membros que compõem a assembleia.

Na realidade, essa descida é para fecundar, transformar, consolidar a assembleia, e sua ação constitui-a e prepara-a para a celebração litúrgica. A resposta dos fiéis deveria estar em consonância com o plano de Deus, o que suscita a vivência e a prática do que se celebra. Essa resposta é *uníssona, unívoca, concorde, coatuante*, de todos os que são *convocados*. Uma assembleia *dócil* ao Espírito Santo converte-se em uma comunidade *catequética, evangelizadora* e *celebrante*.

---

[14] Cf. SANTO AGOSTINHO, *Comentário ao Evangelho de João*, 40,10.

4. A assembleia litúrgica: *memorial* histórico-salvífico pelo Espírito Santo

Se é verdade que a assembleia litúrgica é constituída pelo Espírito Santo e se redescobre como comunidade celebrante, podemos reconhecê-la, portanto, como uma *reunião pentecostal*, ou seja, está *permeada* pelo Espírito Santo. Efetivamente, a assembleia identifica-se com a *reunião pentecostal do cenáculo* e se equipara a uma presença universal que integra a totalidade da Igreja una, santa, católica e apostólica. De fato, a assembleia litúrgica *supera* as dimensões *espaciais* e *temporais* em que se encontra.

Na celebração, ela vive os fatos histórico-salvíficos que se realizaram antigamente e traz, para hoje, a glória futura.

O Espírito realmente intervém na celebração. Ele é o *memorial*, ou seja, *a suave memória litúrgica*, que age nos fiéis para que estejam conscientes do fato histórico do *mistério pascal-pentecostal* que se realiza em toda assembleia litúrgica verdadeira. Definitivamente, o Espírito busca a participação do fiel no fato histórico do mistério realizado hoje.

Os fiéis são membros de um povo sacerdotal, ou seja, de um povo que completa sua missão de culto, e devem continuar aquele Pentecostes *explosivo* e *missionário* de dois mil anos atrás. Por isso, a assembleia litúrgica é sinal da *alegria pascal* e *pentecostal*; daí que não é passiva nem anódina, mas dinâmica, disposta a pregar Cristo, visto que brota do Espírito Santo. Em resumo, é contemplativa na ação.

5. A assembleia litúrgica: *visibilização* de Cristo pela força do Espírito

A assembleia litúrgica possui o Espírito de Sabedoria. O Espírito Santo *visibiliza* Cristo, leva-nos a ele. Por isso, a assembleia, guiada pelo Espírito, caminha para seu Senhor. Cristo está em seus mistérios, ou seja, nos sacramentos, em sua palavra. A assembleia reunida busca-o convertendo-se em uma comunidade mistérica: cresce, amadurece, configura-se a Cristo.

O crente busca *ser cristão e sê-lo sempre de modo novo*. Isto não é impossível nem utópico, mas algo possível e real. Destarte, os fiéis enchem-se do Espírito, assim como estiveram os discípulos do cenáculo.

A assembleia litúrgica visibiliza Cristo em um Pentecostes celebrado em diversas línguas e culturas; ademais, descobre o Senhor nos sacramentos.

6. A assembleia litúrgica: *canalizadora* da ação do Espírito Santo

A Sagrada Escritura diz-nos que *Deus é amor*. Deus demonstra esse amor quando entrega seu Filho na cruz para salvar o mundo. Esta é sua prova máxima de amor pela humanidade.

Esse *amor* torna-se visível na assembleia litúrgica quando os fiéis se reúnem para louvar a Deus, dar-lhe graças e rememorar os mistérios da morte e ressurreição de Cristo. A assembleia invoca o Pai para que venha o Espírito (epiclese), a fim de transformar os dons do pão e do vinho, e para também transformá-la (paraclese). Na realidade, converte-se em uma reunião de santos impulsionada, transformada e vitalizada pelo Espírito Santo. Por tudo isso, a assembleia é o *prolongamento* do amor de Deus no mundo. Se quisermos ver como Deus ama, contemplemos a assembleia e participemos dela.

A assembleia requer um estilo celebrativo não tanto das formas rituais ou dos gestos, mas de seu próprio ser e constituição. Ela não se reúne por acaso, acidentalmente, sem aparente motivo, mas motivada pelo Espírito: reina um clima de festa, de união, de compreensão, de empatia, de sinergia.

Muitas pessoas pensam que somos os artífices do estilo celebrativo ou que inventamos a estrutura da celebração. No entanto, isto não é verdade. Cada pessoa, inspirada pelo Espírito Santo, é que faz a celebração com sua participação e intervenção; cada um colabora com sua mente e seu coração. Trata-se de *hospedar* e *ceder espaço ao Espírito* no seio da comunidade: é abrir-lhe uma brecha, permitir que aja. De modo que ele é o verdadeiro artífice da celebração, o desenhista, o arquiteto. A comunidade, consciente de abrigar o Espírito Santo em seu interior, é capaz de transmiti-lo, em seguida, aos demais, especialmente aos mais afastados da Igreja. A assembleia litúrgica é *pneumatológica*, porque deve ser *pneumatófora*, capaz de deixar transpirar os dons do Espírito em seu desvelo para chegar à unidade da Igreja e à comunhão entre as comunidades locais.

7. A assembleia litúrgica: uma comunidade *pneumatófora*

A palavra pneumatóforo provém da união de duas palavras gregas: *pneuma* (Espírito) e *foreo* (portador, aquele que leva de um lado a outro, transportador); significa "portador do Espírito Santo". Na realidade, a assembleia litúrgica é uma comunidade que leva o Espírito e que se renova constantemente. Não pode existir uma verdadeira assembleia litúrgica sem a ação do Espírito Santo.

Além disso, a assembleia é uma comunidade *missionária, enviada*, destinada a anunciar Cristo Ressuscitado a todos os homens, abrir-se ao mundo. Um cristão que não tem como ponto de referência a assembleia, não se reúne com outros cristãos para glorificar a Cristo, perde o sentido de sua existência como batizado. De igual modo, uma assembleia que não se apresenta estruturalmente *evangelizadora* e *missionária* está no limite de viciar-se, teatralizar-se e de falsear a religião. A assembleia existe para evangelizar na vida.

Na realidade, o Espírito congrega ou convida os cristãos a reconciliar-se uns com os outros, a aceitar-se com suas virtudes e defeitos e a não fechar-se em um horizontalismo ilusório.

A assembleia litúrgica é o lugar do Pentecostes do Espírito, mas não ao estilo daquele cenáculo *fechado* por medo, como aconteceu depois da morte de Cristo; porém, como um cenáculo pentecostal aberto com a esperança do encontro com os demais. Uma assembleia assim acolhe a todos, é viva, unida, dinâmica, como aquela primeira formada pelos Apóstolos e a Virgem Maria, que se encheram do Espírito Santo. A Igreja atual, reunida em assembleia celebrante, busca o Senhor Ressuscitado, vê-o presente e nutre-se dele, cresce e edifica. Então, Cristo, no meio dela, fortalece a fé dos participantes, dá-lhes seu Espírito e os envia ao mundo, como o Pai o enviou.

A assembleia litúrgica, comunidade *epiclética* porque sobre ela se derrama o Espírito, converte-se em sinal litúrgico (eficaz) de uma comunidade enviada a levar o Espírito recebido (*comunidade pneumatófora*) de uma comunidade a serviço dos irmãos para o verdadeiro culto inaugurado por Cristo Sumo e Eterno Sacerdote.

8. A assembleia litúrgica: *Igreja doxológica* para uma vida cultual

A explicação deste último ponto encontra-se no bispo Gregório de Nissa. Este Padre da Igreja dirá que a pessoa sensata e prudente afirmará que o Espírito Santo é chamado *Glória*. Cristo recebeu esta *Glória* desde o princípio, antes da criação do mundo. Também sua natureza humana foi glorificada pelo Espírito Santo. Portanto, todos os que se unem a Cristo-Glória participam do Espírito Santo.

Isto nos leva a dizer que a assembleia litúrgica deve ter consciência de que é "uma Igreja doxológica" (*doxa* = glória). Se quer anunciar as maravilhas de Deus e ser testemunha, tem que criar um *húmus* doxológico. De fato, a assembleia *dá graças* a Deus pela imensa Glória: *dá glória* ao Pai, em Cristo (que é a Glória do Pai) pela força do Espírito, que é a "Glória". Na realidade, tudo é *Glória*, onde tudo é *graça*; tudo é graça onde há uma autêntica Glória, ou seja, onde está o Espírito Santo, resumindo as afirmações de Gregório de Nissa.

A assembleia litúrgica vê a graça de Deus a partir de duas vertentes do Mistério Pascal: *a gratificante da Cruz* e *a exultante da Ressurreição*. Ela celebra o Mistério Pascal para a Glória de Deus e porque quer prolongar no tempo este louvor. Em conclusão, a assembleia trinitariza-se.

O Espírito derrama-se como dom gratuito e faz com que a assembleia transforme sua atitude em *louvor* e *glória*. Estas são as chaves da vida cristã.

Na celebração, o crente une a fé celebrada com a fé vivida. A assembleia litúrgica é um lugar privilegiado onde o Espírito Santo transforma as vidas dos participantes; na realidade, é o lugar onde a *epiclese* consegue seus efeitos: a *paraclese*. De fato, o Espírito faz-se presente e age na assembleia litúrgica.

O Espírito Santo constitui a assembleia, une-a e impulsiona-a para Cristo. O Espírito repousa sobre ela e a acompanha, ou seja, encontra-se sob seu amparo e proteção. Ele torna compreensível a Palavra de Deus, que é sempre viva e eficaz; ele faz com que a *oblação* de cada fiel se converta em uma oblação mais espiritual, a fim de que sua vida seja mais dócil, aberta e disponível à ação espiritual; ele constitui a assembleia em *memorial das assembleias histórico-culturais salvíficas*; ele conduz a assembleia à presença de Cristo.

A assembleia litúrgica descobre-se comunidade pneumatológica, já que é uma *Igreja* em contínua sintonia com o Espírito Santo, em constante louvor a Deus, em incessante oferta a

Deus e ao mundo. Alentada pelo Espírito Santo, a assembleia é *hospitaleira*, *pneumatológica*, *pneumatófora*, *privilegiada*; é um *grupo de convidados*, *de doadores*; em resumo, *uma congregação-pentecostal*, *uma Igreja em miniatura*, cuja meta é a vida apostólica e missionária. A ação do Espírito Santo, para com os fiéis, é *sinergia* de uma união tão conatural que não se espera nada em troca. O crente participa da celebração porque, como templo do Espírito (cf. 1Cor 6,19), expressa a glória de Deus e aceita-a de bom grado.

CAPÍTULO 6

O ESPÍRITO SANTO NA CELEBRAÇÃO DOS SACRAMENTOS

O Espírito Santo manifesta-se e age silenciosamente no *antes* e no *depois* dos sacramentos. A vida do cristão está sob sua influência, que opera sua santificação (*dimensão descendente*) pela plenitude do culto no espírito e na verdade (*dimensão ascendente*).

A celebração litúrgica imprime na vida dos fiéis uma marca espiritual específica: a presença do Espírito. Essa presença é imprescindível também nas celebrações sacramentais, as quais transformam, modulam, qualificam, adornam, abrem-se à pessoa; e, ao mesmo tempo, fazem das pessoas um instrumento da Palavra de Deus, concede-lhes força, transforma-as, mudando suas atitudes e eliminando as tensões entre elas.

Na celebração sacramental, o Espírito Santo conduz os fiéis na direção de Cristo, incitando a que seja proclamado como Senhor. O protagonista dos sacramentos é o Espírito; portanto, quando são celebrados, a graça divina age sob os dinamismos *epiclético-paraclético--anaclético*. Os ritos, os gestos, a linguagem litúrgica não são apenas realidades humanas, mas sinais eficazes nos quais o Cristo e o Espírito estão presentes e agem. Graças a eles, os fiéis chegam a uma autêntica experiência religioso-cristã.

Agora vamos expor algumas pistas sobre a dinâmica sacramental e seu influxo pneumatológico.

1. Batismo e Espírito Santo

No sacramento do Batismo, Deus estabelece um diálogo profundo com o homem, entrando em contato com ele por meio da Igreja. Trata-se de uma relação transformadora que vai possibilitando, no batizado, formas novas de viver. A Igreja é a mediadora desse diálogo e desse encontro, expressos eficazmente nas palavras, nos gestos e nos símbolos batismais.

Quando se celebra um Batismo, atualiza-se o Mistério Pascal. Os que foram incorporados a Cristo por meio da imersão/água constituem o Povo de Deus, recebem o perdão dos pecados e passam da condição humana ao estado de filhos adotivos, convertidos em uma criatura nova pela água e pelo Espírito Santo.

Existem quatro pistas dinâmico-operativas que surgem entre o Batismo e o Espírito Santo, que podem ser fontes para uma autêntica espiritualidade.

a) *A pista da teologia bíblica.* Pelo Batismo, nascemos para uma vida nova (Jo 3,5) e recebemos o Espírito Santo. Pela primeira vez, *bebemos* a água viva do Espírito, não somente para aplacar-nos a sede, mas para unir-nos com a fonte, que é o Deus Pai. O Pai, por meio de Jesus Ressuscitado, derrama abundantemente seu Espírito em nós (Tt 7,5-6); e, para nós, o Espírito do Filho alcança o Pai, chegando a ser em nós fonte de água que brota para a vida eterna (Jo 4,14): não recebemos um dom de Deus, mas *recebemos o próprio Deus.*

ESPÍRITO SANTO E LITURGIA

Pelo Batismo, os crentes convertem-se em pedras vivas unidas a Cristo por meio do Espírito Santo; ademais, comprometem--se a construir um edifício espiritual, um sacerdócio santo, que oferece sacrifícios espirituais agradáveis a Deus, por meio de Jesus Cristo (1Pd 4-5). Em Cristo, toda a construção, bem alicerçada, cresce para ser templo santo do Senhor; nele, todos somos edificados para sermos morada de Deus por meio do Espírito Santo (Ef 2,21-22).[1]

Esta primeira pista leva-nos a compreender que o Espírito Santo é a fonte das virtudes inseridas no Batismo cristão, o qual é o "ponto de coesão" do plano trinitário-salvífico, ou seja, o "lugar" onde se encontram o *desígnio divino* com a *vontade humana*. Santo Ambrósio dirá que o Batismo é o plano de salvação divina; sem o Espírito Santo, não se realiza o *desígnio de Deus*.[2] O Espírito Santo, de fato, é *árbitro do desígnio divino* e *árbitro do Batismo*.[3]

O Batismo é o próprio Mistério Pascal celebrado e atualizado.[4]

b) *A pista dos efeitos do Batismo*. Os efeitos batismais relacionam--se com a presença e a ação do Espírito Santo; ademais, provêm da Escritura e da Tradição. Por exemplo: a imersão em Cristo, a unidade com Cristo e a Igreja, o renascimento espiritual, a nova criatura, a remissão dos pecados etc.; todos eles são possíveis pela força do Espírito.

---

[1] Cf. S. RINAUDO, *La liturgia, epifania dello Spirito. Iniziazione all'esperienza dello Spirito Santo nella celebrazione del mistero Cristiano*, LDC, Leuman-Torino 1980, 31-32.

[2] Cf. S. AMBRÓSIO, *Sobre o Espírito Santo II*, 2,21: "O Batismo não pode acontecer sem o Espírito, nem o desígnio de Deus pode existir sem o Espírito".

[3] Cf. ibidem.

[4] Cf. *Ritual de Iniciação Cristã de Adultos*, 6, e o *Ritual do Batismo de Crianças*, 20.

ADOLFO LUCAS MAQUEDA

O batizado é consagrado com o carisma da salvação, é ungido do Espírito Santo e selado por sua intervenção; é constituído sacerdote, rei, profeta e mártir (cf. 1Pd 2,9-10).

A fé é fruto do Espírito. Ele doa-se a cada batizado para constituir a Igreja e dá-se à Igreja para que cada fiel seja vivificado por ele.[5]

Seria absurdo afirmar que no Batismo não se dão a presença e a ação do Espírito Santo, deixando tal atuação e presença para a Confirmação. No Batismo também se recebe o Espírito Santo.

c) *A pista do "Credo" batismal*. As *profissões* de fé, que chegaram até nós da antiguidade cristã, assim como as confissões de fé por parte dos batizandos, até chegar ao Símbolo Niceno (325) e ao Constantinopolitano (381), sublinham que são imprescindíveis a presença e a ação do Espírito no Batismo.[6]

Etimologicamente, a palavra *Batismo* significa "imersão" no dinamismo das Pessoas divinas. De fato, pela força do Espírito, somos submergidos em Cristo para chegarmos ao Pai.

Santo Ambrósio recorda que "na água está a imagem da morte; no Espírito, está a garantia da vida. Assim, o pecado fica sepultado ao submergir-se na água, visto que é imagem de uma tumba. E, pelo Espírito, renascemos para Deus".[7] Se na água se encontra a salvação, é pela presença do Espírito Santo.[8] Por

---

[5] Cf. SANTO AMBRÓSIO, *Sobre o Espírito Santo* III, 6,35; 12, 87-91.

[6] Cf. *Symbola fidei in usum pastoralem et liturgicum ab Ecclesia antiqua recepta*, in H. DENZIGER; A. SCHÖNMETZER (ed.), *Enchiridion Symbolorum definitonum et declarationum de rebus fidei et morum*, Herder, Barcinone 321963, 1-76 [ed. brasileira, *Compêndio dos símbolos, definições e declarações de fé e moral*, Paulinas, Loyola, São Paulo, 2007].

[7] Cf. SANTO AMBRÓSIO, *Sobre o Espírito Santo* I, 6,76.

[8] Ibidem, I, 6,77: "Se na água se encontra a salvação, não é por sua própria natureza, mas pela presença do Espírito Santo".

Espírito Santo e Liturgia

isso, não há por que estranhar que o *Missal Gótico* defina a pia batismal com estas palavras: "Lugar pequeno, mas cheio de graça, bem organizado pelo Espírito Santo".[9]

Em resumo, o Espírito é quem perdoa os pecados e conduz o batizado à plenitude do mistério que se realiza em Cristo.

d) *A pista da linguagem litúrgico-celebrativa.* Na preparação para o Batismo e na própria celebração, tanto na liturgia oriental como na ocidental, acontece uma série de ritos, gestos e palavras que significam a presença e a ação do Espírito Santo.

Por exemplo, a *imposição das mãos* que o catequista faz (*didáskalos*) sobre os catecúmenos, mediante a qual se invoca a presença do Espírito para que o período catequético-preparatório prévio à celebração seja um tempo marcado pela ação do Espírito. A transformação que o catecúmeno experimenta antes de chegar o dia de seu Batismo é fruto da presença silenciosa e ativa do Espírito. A catequese é um período de *gestação* em que o fiel amadurece sob a presença do Espírito Santo.

As *unções pré-batismais* e *pós-batismais* têm um significado pneumatológico. A primeira recorda que o óleo é sinal de salvação e que Cristo fortalece o batizando com sua força; óleo abençoado a fim de ser *força divina, energia, vigor* e *sustento* para os que vão receber o Batismo. A segunda menciona explicitamente o Espírito Santo e seu uso está ligado à efusão de seus dons.

Por outro lado, a *bênção da água batismal* é uma fórmula epiclética: "Ó Pai, nós vos pedimos, por vosso Filho, desça sobre esta água a força renovadora do Espírito Santo";[10] contudo,

---

[9] Cf. L. C. MOHLBERG; L. EIZENHÖFFER; P. SIFFRIN (ed.), *Missale Gothicum* (RED, Series Maior Fontes V), Herder 1961 n. 255.

[10] Cf. *Ritual do Batismo de Crianças*, n. 123.

além disso, durante a fórmula epiclética se impõe a mão sobre a água, significando a presença e a ação do Espírito. A riqueza pneumatológica desta bênção é o melhor testemunho da presença do Pneuma.

No Batismo, a ação do Espírito Santo introduz o batizado em um dinamismo progressivo, que o leva aos outros sacramentos. Foi e continua sendo terrível e nocivo deixar os cristãos apenas com a celebração do Batismo. Este procedimento impede a ação específica do Espírito.

Os sacramentos realizam, concretizam, valorizam e levam ao cumprimento o projeto que as Pessoas Divinas querem para cada um dos fiéis. Assim, crescem a fé e a capacidade de prestar culto às Pessoas Divinas.

2. Confirmação e Espírito Santo

Parece-nos normal associar a Confirmação com o Espírito Santo. De fato, costuma-se afirmar que a Confirmação é *o sacramento do dom do Espírito Santo*. Certamente, isto é verdade, mas não é toda a verdade. Corre-se o risco de reduzir o Espírito Santo exclusivamente à Confirmação, como se os outros sacramentos fossem *apneumatóforos,* isto é, sem o Espírito Santo.

a) Para tratar da Confirmação dentro da sacramentária eclesial, deve-se partir de dois pontos básicos:

- Todo sacramento é *perfeito*, como tal. Portanto, a afirmação: "O Batismo aperfeiçoa-se na Confirmação" deve ser entendida adequadamente, a fim de não fazer com que o Batismo seja um sacramento que exija complemento.[11]

---

[11] Cf. M. MAGRASSI, "'Confirmatione Baptismus perficitur'". Dalla "perfectio" dei Padri alla "aetas perfetta" di San Tommaso", RivL 54 (1967) 429-444.

Espírito Santo e Liturgia

- Os sacramentos, em geral, estão estreitamente unidos à economia salvífica, dirigindo-se cada um deles à Eucaristia e unindo-se a ela em sua própria existência e essência.

  Pois bem, o sacramento da Confirmação foi instrumentalizado por todo o mundo, principalmente no século XX e no que trazemos deste. Parece ser a "gata borralheira" dos sacramentos, a ponto de o termos simplesmente posto de lado. Por isso, é preciso dizer o seguinte:

b) Na linguagem litúrgica, abundam as provas da presença e da ação do Espírito Santo. Por exemplo, o uso do *sagrado crisma*, cujo significado pneumatológico provém da própria bênção; a fórmula que diz: "Recebe, por este sinal, o dom do Espírito" (RC 32.51); a *imposição das mãos* sobre cada um dos confirmados; a outra imposição prescrita sobre os eleitos, que se realiza antes da crisma (RC 20.28.50.62), cuja oração é eminentemente epiclética. De fato, diz: "Escuta nossa oração e envia sobre eles o Espírito Santo Defensor", e continua a enumeração dos sete dons (RC 29.44.51.62). Além disso, existem repetidas alusões diretas ao Espírito Santo nas palavras do ministro (RC 25.47), que lembra a vinda do Espírito Santo. Em outros termos, relaciona-se a Confirmação com Pentecostes, e fala-se repetidamente de *plenitude* do Espírito Santo, de *perfeição* do Batismo, de *completar* a semelhança a Cristo. Ademais, pede-se que aqueles fiéis que receberam a Confirmação se aproximem do altar do Senhor para participar na mesa de seu sacrifício (RC 34.56).

c) Os efeitos da Confirmação revelam seu dinamismo pneumatológico. O Espírito age neste sacramento trazendo-lhe um efeito crístico-eclesial, a *cristificação no Espírito*, conformando o Batizado *mais perfeitamente* a Cristo-Igreja e *mais plenamente*, incorporando-o em Cristo-Igreja. Além disso, apresenta-se o problema de saber em que consiste o efeito da nova *missão-vinda* do Espírito Santo (porque já esteve *no batizado* no dia de seu Batismo).

Tal *missão-envio* não pode basear-se na perfeição do Batismo, porque o Batismo é um sacramento perfeito em si (não existe um sacramento imperfeito). Nem muito menos basear-se na graça sacramental, como se se tratasse de aperfeiçoar a graça batismal (aumentar sua intensidade ou seu valor), porque também tocaria a linha da perfeição sacramental. No entanto, se a questão recaísse sobre a pessoa humana, na medida em que se encontra no processo de iniciação cristã adulta (com o Batismo-Confirmação), então poderia ser mais fácil compreender os textos conciliares e litúrgicos quando falam de *plenitude* do sacramento.

A natureza sobrenatural, outorgada ao crente através do Batismo, alcança a plenitude com a Confirmação. O Espírito Santo dá-se sempre plenamente em cada um dos sacramentos, mas na Confirmação o faz *como aperfeiçoamento*. Isto quer dizer que o dom do Espírito Santo presente na Confirmação concede ao sujeito a *adultidade*, espiritualmente falando. O confirmando *recebe* os dons da *dilatabilidade* de seu ser e *age* na plenitude do Espírito; em uma palavra, entra em sinergia com ele. A partir de agora, o cristão confirmado tem acesso às repetidas plenitudes eucarísticas do Espírito.

d) A Confirmação permite o acesso à Eucaristia. Daí se entende por que a história litúrgico-sacramentária, a comparação litúrgico-ritual com o Oriente católico e ortodoxo, a teologia litúrgica e os próprios livros litúrgicos mantêm a sucessão dos sacramentos da iniciação: *Batismo–Confirmação–Eucaristia*.

Espírito Santo e Liturgia

Os motivos são ontológicos, pois ter acesso à Comunhão e ter sido apenas batizado seria mortificar e dinamitar o dinamismo pneumatológico dos sacramentos. No sentido etimológico e ontológico, quem, *a partir do sacramento*, possui a capacidade da plenitude do Espírito pode participar da Eucaristia com todo direito e de modo pleno. Com efeito, a Eucaristia é a plenitude do dom do Espírito.

e) A finalidade da Confirmação não está somente em dar testemunho ou ser testemunha, nem no apostolado, mas também se relaciona às capacidades culturais próprias dos cristãos. A Confirmação é "comunicação do Espírito Santo",[12] "participação do Espírito".[13] Isto faz com que o confirmado não coloque obstáculos à presença e à ação do Espírito que leva o cristão à celebração completa da Eucaristia.

O Espírito Santo respeita, revigora e transforma a personalidade do crente até torná-lo mais *transparente* e *maleável* à sua ação. A Confirmação é o sacramento que o habilita para a Eucaristia, para comer o Corpo e beber o Sangue de Cristo, graças às efusões do Espírito. Sua participação neste mistério de Cristo é o fruto próprio da imissão do dom do Espírito Santo na Confirmação. Assim o fiel configura-se progressivamente a Cristo e se introduz em seu Corpo Místico. A Confirmação, então, deixaria de ser o sacramento *instrumentalizado* dos experimentos catequéticos para converter-se em um evento que tem como fim a Eucaristia e, portanto, a vida do fiel. Sendo assim, precisamente, a vida do fiel encontra seu cume e fonte na Eucaristia.

---

[12] Cf. SÃO CIRILO DE JERUSALÉM, *Catequese 18*, 33.
[13] Cf. GENNADIO CONSTANTINOPOLITANO, *Epístula 6*.

3. Eucaristia e Espírito Santo

Todos os sacramentos encaminham-se e dirigem-se para a Eucaristia, ápice do dinamismo sacramentário.

A Eucaristia é a *soma dos carismas*, segundo a expressão de São Germano de Paris. Nela, o dom do Espírito derrama-se porque "não há sacramento mais saudável que este, com o qual se limpam os pecados, acrescentam-se as virtudes e a alma alimenta-se com a abundância de todos os carismas espirituais".[14] Também havia dito algo semelhante uma oração do *Missal Gótico* (no momento da fração do pão), ao proclamar que o efeito da Eucaristia era a *eternidade do Espírito Santo*,[15] significando, assim, o "máximo dos máximos" dons espirituais.

Dado que os demais sacramentos também finalizam na Eucaristia, a "plenitude do Espírito" é a soma das manifestações e atuações em cada um deles: *manifestação* e *ação* que encontram na Eucaristia a *consumação* vivificada e a força das *epicleses eucarísticas*.

Por isso, quando alguém comunga, também comunga o Espírito Santo.

O tema da Eucaristia, diferentemente do que acontece com o tema da ação do Espírito na proclamação litúrgica da Escritura, está muito mais elaborado, e os manuais fazem eco à doutrina pneumatológica que as epicleses anafóricas implicam.

O Oriente está convencido de que a Oração Eucarística é a maior invocação da Igreja, em que se derrama o Espírito Santo. Na Eucaristia age não somente Cristo, mas também o Espírito Santo. O Ocidente, por sua vez, dá mais importância às palavras da instituição,

---

[14] SANTO TOMÁS DE AQUINO, *Opusculum 57*, in *Festo Corporis Christi* etc. 2.

[15] Cf. A. M. TRIACCA, "Ex Spiritu Sancto regeneratus. La presenza e l'azione dello Spirito Santo testimoniate nel Missale Gothicum (Da un sostrato patristico a una viva preghiera)", in S. FELICI (ed.), *Spirito Santo e catechesi patristica* (BSR 54), LAS, Roma 1983, 209-164. Veja-se "La oración de la fraccíon del pan de la Misa de la Vigilia Pascual", in L. C. MOHLBERG (ed.), *Misal Gótico*, Herder, Roma 1961, n. 272.

Espírito Santo e Liturgia

desenvolvendo uma liturgia mais cristocêntrica. A presença de Cristo nas espécies eucarísticas é "verdadeira, real e substancial", sem esquecer o Espírito Santo que age e regula tudo. O olhar pneumatológico, assim considerado, é garantia de uma Eucaristia com uma tonalidade mais pascal, mais rica, mais eclesial, mais viva, na qual se manifesta, claramente, o mistério.

4. Reconciliação e Espírito Santo

O Ritual da Penitência (RP) recorda que a *efusão do Espírito Santo* se dá *para a remissão dos pecados*.[16] Esta afirmação pode ser comprovada em dois exemplos encontrados na fórmula da absolvição geral.[17]

O Espírito Santo derrama-se, de modo pleno, para que, nele, cada um possa apresentar-se ao Pai anunciando as grandes maravilhas do Senhor e cantando seus louvores (*dimensão ascendente ou de culto*). Com a confissão, rende-se culto a Deus, e o pecador, separado ontologicamente de *Cristo-Igreja*, fica reconciliado.

O sacramento da Penitência é como uma sinfonia que, sob a direção do Espírito Santo, aflora em nosso interior para cantar as maravilhas realizadas pela Trindade na humanidade. Este sacramento, então, situa-se além das concepções jurídicas e morais, como normalmente se considera. Aponta principalmente para outra direção, que deverá sempre ser levada em conta: *a ação de graças a Deus*. Efetivamente, o sacramento da Penitência é uma ação de graças a Deus em que o penitente proclama sua fé, agradece a Deus por nos ter dado o Cristo para

---

[16] RP 46.55.62d.

[17] RP 61 e 62: "O Senhor Jesus Cristo, que foi entregue à morte por causa de nossas faltas e ressuscitou para nossa justificação, e que enviou o Espírito Santo sobre seus Apóstolos para receberem o poder de perdoar os pecados, Ele, por nosso ministério, vos livre do mal e vos encha do mesmo Espírito Santo". "O Espírito Consolador, que nos foi dado para remissão dos pecados e no qual temos o poder de chegar ao Pai, purifique vossos corações e vos ilumine para que anuncieis o poder do Senhor que vos chamou das trevas à sua luz admirável."

perdoar-nos e oferece sua vida como sacrifício espiritual em louvor da glória de Deus (cf. RP 7).

O sacramento da Penitência é uma celebração litúrgica de pleno direito, em que o Espírito Santo está presente para transformar o penitente em outro *Cristo*.

a) Existem quatro chaves teológico-litúrgicas sobre a união entre o *Espírito Santo* e a *remissão dos pecados*. Estes pontos são o eixo que constitui a base do sentido penitencial sacramental do gesto.

O sangue de Cristo, derramado para o perdão dos pecados, chega ao crente graças ao Espírito. O sacramento da Penitência celebra o *Mistério Pascal*. Por meio deste sacramento, o cristão morre e ressuscita com Cristo: renova o *Mistério Pascal*. O sacramento da Penitência reconcilia os fiéis com as Pessoas Divinas. *Este sacramento é dom do Espírito Santo*. Um cristão que se aproxima do sacramento da Reconciliação deveria saber que, no processo de sua conversão, está o Espírito Santo, o qual o faz reconhecer sua miséria e o leva a cantar a infinita misericórdia de Deus.

A base deste sacramento é o Amor de Deus Pai, um Amor de *misericórdia infinita* (RP 1). O dinamismo do amor misericordioso encontra em cada etapa o Espírito Santo. O Espírito, Amor do Pai, dirige-se ao Amado/Unigênito e por ele se nos oferece como dom. O Espírito Santo move à misericórdia de Deus e ameniza os rigores de sua justiça. A justa visão do sacramento nos levaria a descobrir a *perpétua efusão do Espírito para a remissão dos pecados*.

O Espírito arranca-nos o pecado e coloca-nos nos braços do Senhor; se grande é a miséria, muito maior é a misericórdia de Deus.

Portanto, o sacramento da Penitência é o sacramento do perdão de Cristo e da incessante e onicompreensiva ação do Espírito Santo, que oferece ao penitente o perdão, a remissão, o juízo, a absolvição, o canto de louvor, a ação de graças, para que sua vida chegue a ser, cada vez mais, uma vida de culto.

b) Há alguns elementos necessários para a celebração do sacramento, tal como estão enunciados no RP 6 no que tange aos tempos/momentos do *antes*, *durante* e *depois* celebrativos, que, embora se diferenciem cronologicamente, estão unidos idealmente, criando o conjunto do sacramento da Penitência.

O "antes" celebrativo, quando se contempla a *conversão* do coração para Deus, inclui a *contrição* e o *propósito* de uma nova vida. Uma vez que a pessoa se decide a abraçar a conversão, para ser mais santa, ela começa a pensar, julgar e reordenar sua vida com *o exame de consciência*, inspirado sob a *moção do Espírito Santo* (cf. RP 6).

Portanto, o que precede o momento celebrativo poderia ser definido como o período da *inspiração das graças salvíficas*, da inspiração do Espírito Santo, que move o pecador ao arrependimento e à conversão, até que o impulsiona a aproximar-se do sacramento da Penitência.

O "durante" celebrativo *é sinal da presença e da ação do Espírito no ministro e no penitente*. Este, ao submergir-se em sua confissão, é testemunha visível diante da Igreja de que nele age o Espírito; por isso, ele pode ser chamado de portador do Espírito Santo, ou seja, *pneumatóforo*. O pecador, diante da Igreja, reconhece seu estado e situação, chegando a ser uma viva epifania do Espírito. *O papel do confessor-ministro* é eminentemente pneumatológico: revela aos homens o coração do Pai (RP 10) e afirma a misericórdia divina demonstrada neste sacramento

(RP 19). Na realidade, é um intermediário que personifica a imagem de Cristo, Bom Pastor (RP 10), na medida em que exerce o ministério do próprio Cristo (RP 6b.9c.10c.11). Daí que se identifique *com a ação do Espírito Santo*.

O Ritual atual convida o confessor a pedir o dom do discernimento dos espíritos (RP 10a), os quais são precisamente dons do Espírito Santo; por isso, deveria preparar a celebração deste sacramento *invocando o Espírito Santo* com uma oração pessoal antes de pôr-se a confessar, e assim poder receber sua luz e caridade (RP 15). O confessor sempre está disponível (RP 10b), sendo o mais *flexível e permeável possível à ação do Espírito Santo*; assim o fiel será mais dócil à voz do Espírito (RP 7b).

O "depois" celebrativo é o prolongamento das graças salvíficas, isto é, o Espírito Santo. Ele continua a agir naquele que se confessou, fazendo-o viver em estado de conversão e permanecer em estado de graça. Em resumo, o Espírito Santo acompanha e transforma a vida do penitente-convertido. Isto vem acompanhado da reparação, que também prolonga *o durante celebrativo*. Ela deve adequar-se à gravidade e à natureza dos pecados.

5. Unção dos enfermos e Espírito Santo

"Este sacramento confere ao enfermo a graça do Espírito Santo"; assim aparece no Ritual da Unção dos Enfermos e sua Assistência Pastoral (RUEAP 6). Contudo, além disso, dir-se-á na fórmula para a administração do sacramento: "Por esta santa unção e pela sua infinita misericórdia, o Senhor venha em teu auxílio com a graça do Espírito Santo, para que, liberto dos teus pecados, ele te salve e, na sua bondade, alivie os teus sofrimentos. Amém" (RUEAP 135).[18]

---

[18] O Concílio de Trento já havia declarado isto solenemente. Cf. *Concilium Tridentinum*. Sessio XIV C. 2 (DS 1969).

À luz destas afirmações, dever-se-iam apresentar brevemente as dimensões pneumatológico da Unção dos Enfermos.

a) A Unção dos Enfermos sustenta-se no Espírito Santo. Este sacramento concede ao enfermo alívio físico, espiritual e saúde. Por isso, as orações pedem o alívio do corpo e da alma através do Espírito Santo. A ação ou a graça do Espírito dá força e apoio na debilidade, além de toda uma série de efeitos como o consolo, a cura, o perdão dos pecados, a diminuição do sofrimento, a plena serenidade, a saúde e a volta ao trabalho cotidiano.

A Santa Unção, acompanhada pelas palavras epicléticas, vem precedida pela imposição das mãos (cf. RUEAP 125) e pelo silêncio: eles significam a presença e a ação do Espírito.

b) Este sacramento constitui a "consumação de toda cura espiritual", segundo as palavras de São Tomás.[19] Pela graça do Espírito Santo, a Igreja suplica ao Redentor e à bondade do Pai que cure, perdoe os pecados e alivie o sofrimento do enfermo. Assim, os enfermos podem associar-se, em sua precariedade física, ao sofrimento de Cristo na cruz.

De fato, é a plenitude do Espírito, isto é, "todo" o dom do Espírito, que influi nas dimensões psíquica, corporal, moral, religiosa e espiritual do crente em estado de precariedade; assim, por meio deste sacramento, ele fica *confortado* e *configurado* a Cristo Crucificado e Glorificado. No Mistério Pascal, Cristo assume (e cura com a Redenção/Libertação) toda miséria humana, unindo o enfermo com o dom do Espírito, a fim de que se realize a história salvífica individual, enquanto a Igreja se reúne em torno de seus membros que sofrem. Portanto, fica aberta a possiblidade do triunfo de Cristo sobre a enfermidade

---

[19] Cf. SÃO TOMÁS DE AQUINO, *Contra Gentes* 4, c. 73.

ADOLFO LUCAS MAQUEDA

e a morte, como consequência do pecado. O efeito, que está na base do ser e do agir cristãos – "ser em Cristo e de Cristo" –, é obtido com a união pessoal a Cristo sofredor, em virtude da presença e da ação do Espírito. Daí a importância de seguir o tríplice rito *Penitência, Unção e Viático* (cf. RUEAP 115-133): o enfermo associa-se a Cristo sacrificado e presente na Eucaristia, coroa do itinerário sacramental.

Perfila-se um novo estilo celebrativo da Unção dos Enfermos, sendo este o sacramento do Espírito Santo como *consumação de toda cura espiritual*. Em analogia com a iniciação cristã (*Batismo-Confirmação-Eucaristia*) está a iniciação escatológica: *Penitência-Unção-Viático*. A Eucaristia encontra-se no ápice do dinamismo pneumatológico. O *ser em Cristo*, que do Batismo/Confirmação tem na Eucaristia a plenitude sacramental, chega a ser agora *plenitude existencial*, com o *ser sofredor em Cristo*. A dimensão oblativa da Eucaristia é partilhada no fiel de modo vivo, verdadeiro e real. O *ser em Cristo* está aqui em relação direta com o *ser para Cristo*: progressiva conformação com Cristo sofredor pela força do Espírito Santo. *Sin-ergia* com Cristo, porque existe *sin-tonia* com o Espírito Santo.

O dinamismo pneumatológico deste sacramento converte o sofrimento em uma "paixão ditosa" e transforma (a ação do Espírito é sempre transformadora) a enfermidade em carisma, ou seja, torna-a lugar apropriado das graças, sintonizadas com a paixão de Cristo. Assim se realiza, no tempo e no espaço, sua palavra salvífica: "Os sãos não têm necessidade de médico, mas sim os doentes; não vim chamar os justos, mas sim os pecadores, ao arrependimento" (Lc 5,31; Mt 9,10).

Cristo/Médico está presente no enfermo por meio do Espírito Santo/Medicina. O crente sofredor assemelha-se a Cristo paciente, em virtude do Espírito.

ESPÍRITO SANTO E LITURGIA

6. Ordem e Espírito Santo

Vistas em seu conjunto, as ordenações (episcopal, presbiteral, diaconal) são invocações ao Espírito Santo para que transforme aqueles que estão colocados como *ostensórios visíveis* do invisível Espírito Santo. Alguém é chamado ao sacerdócio e tem acesso a ele não em função da própria santidade pessoal, mas, acima de tudo e principalmente, para a santidade de toda a Igreja.[20]

a) A linguagem litúrgica, presente no rito da ordenação dentro do Pontifical Romano (ROrd), é eminentemente epiclética e pneumatológica. Os ordenados são pessoas "pneumatizadas", ou seja, transbordantes do Espírito, cuja tarefa principal é introduzir os fiéis no corpo do Senhor e levá-los até Cristo, pela força do Espírito Santo.

Nas ordenações, o dinamismo pneumatológico une o ministro ordenado com Cristo, único Sumo e Eterno Sacerdote. Essa relação é ontológico-existencial: cria-se entre o Sacerdote/Cristo e aqueles que se fizeram mais semelhantes a ele um vínculo inquebrantável, visto que o Espírito Santo os definiu com sua vida e ação. A linguagem litúrgica nos demonstra que a graça do Espírito Santo é implorada aos ordenandos para assegurar--lhes um digno comportamento em sua mediação sacerdotal e para que adquiram um grau de santidade que possa servir de modelo aos fiéis.

As fórmulas ou orações epicléticas da ordenação são (cf. ROrd 47.83.131.159.207.235):

• *para o bispo:* "Enviai agora sobre este eleito a força que de vós procede, o Espírito soberano, que destes ao vosso amado Filho Jesus Cristo, e ele transmitiu aos santos Apóstolos, que

---

[20] Cf. SÃO TOMÁS DE AQUINO, *Supp. q. 35, a. 1 ad 1*: "A Ordem não é concedida para remédio de uma pessoa, mas de toda a Igreja".

111

fundaram a Igreja por toda parte, como vosso templo, para glória e perene louvor do vosso nome".

- *para os presbíteros:* "Nós vos pedimos, Pai todo-poderoso, constituí estes vossos servos na dignidade de Presbíteros, renovai em seus corações o Espírito de santidade, obtenham eles, ó Deus, o segundo grau da Ordem sacerdotal, que de vós procede, e sua vida seja exemplo para todos".

- *para os diáconos:* "Olhai também agora, Senhor, com igual benevolência para estes vossos servos, que humildemente dedicamos ao ministério do diaconato para servirem ao vosso altar. Enviai sobre eles, Senhor, nós vos pedimos, o Espírito Santo, que os fortaleça com os sete dons da vossa graça, a fim de exercerem com fidelidade o seu ministério".

Por outro lado, é preciso recordar que no rito da ordenação há mais gestos pneumatológicos: *a imposição das mãos* (cf. ROrd 45.130.206), *a unção crismal* (cf. ROrd 49.133), *a posição de joelhos* (cf. ROrd 44.129.205). Esta linguagem litúrgica indica a presença e a ação do Espírito Santo. Normalmente, realizam-se acompanhados das intervenções do ministro (cf. ROrd 79.128.204), ou das litanias (cf. ROrd 42.127.203). Além disso, na ordenação do bispo, há a imposição do livro dos Evangelhos (cf. ROrd 46.50.86), que, segundo Severiano de Gabala, indica a descida das línguas de fogo sobre as cabeças dos Apóstolos no dia de Pentecostes; e a entrega do anel (cf. ROrd 51.87), outro rito com um significado pneumatológico.

No rito da ordenação, o ordenado é constituído *"pneumatikós--espiritual"*, a serviço da Igreja. O Espírito Santo permeia, de modo irrevogável e permanente, suas atitudes: cumprirá as funções próprias de seu novo estado e modo de ser.

Episcopado, presbiterado e diaconato são frutos do Espírito, carismas destinados a edificar a Igreja. As pessoas que estão *condecoradas*, mediante a graça do Espírito Santo (expressão de Orígenes), assumem o lugar de Jesus,[21] isto é, são outros *Cristos*.

b) A presença e a ação do Espírito Santo no sacramento da Ordem revelam que os que chegam à ordenação entram na mediação de Cristo. Os ordenados deveriam apreciar a graça, recebida de Deus, de ser ministros de Cristo Jesus. A LG deseja que eles formem e dirijam o povo sacerdotal; *realizem* o sacrifício eucarístico fazendo as vezes de Cristo e o ofereçam em nome de todo o povo de Deus (LG 10).

Que bonito pensar nos diáconos e, mais ainda, nos presbíteros e bispos como difusores do Espírito Santo, ou seja, transmissores do Espírito Santo!

Também é muito sugestiva a definição do bispo como *fonte do Espírito*. Isto porque os bispos são aqueles que desenham uma rede pneumatologizada em suas dioceses, quando, na Quinta-Feira Santa, abençoam os óleos, insuflando-lhes o Espírito Santo. Eles enviam o Espírito Santo a todos os rincões da diocese por meio dos óleos *pneumatóforos*.

A ação do Espírito tem como fim construir a Igreja.

c) O período de formação inicial do candidato ao presbiterado e sua formação permanente têm como grande protagonista o Espírito Santo. Além do mais, ele é o protagonista da vida espiritual do presbítero; por isso, *deve ser seu colaborador* para iluminar e guiar os que estão sob sua responsabilidade (PDV 40c). A finalidade da educação do cristão é chegar, *sob o influxo do Espírito*, à "plena maturidade de Cristo" (Ef 4,13) e deixar-se levar pelo Espírito para cultivar a própria vocação. Sob

---

[21] Cf. ORÍGENES, *Homilia in librum Jesu Nove, II, 1*.

a orientação do Espírito Santo, o sacerdote deixa-se educar por ele para servir ao Pai e aos homens, e sua resposta é uma entrega total de sua vida (cf. PDV 42c). O presbítero deve ser *ícone vivente* de Jesus Cristo em razão do sacramento da Ordem; daí que seja estimulado a ser um *ostensório pneumatóforo vivo*, isto é, portador do Espírito Santo. De fato, o sacerdote é um ostensório visível do invisível Espírito Santo.

Tudo isso nos leva a refletir que, se a pastoral vocacional não ressoa a presença e a ação do Espírito Santo, não serve para nada. A vocação tem necessidade de uma *pastoral pneumatológica*. A ação visível do Espírito na aludida pastoral deve ajudar o *candidato* a viver sob a *moção* santificante do Espírito divino.

De igual modo, a vida do seminário deve ser movida pelo impulso e pela vitalidade do Espírito Santo; do contrário, acaba sendo uma rotina muito pouco formativa. Contudo, se esta vida estiver amalgamada pelo Espírito Santo, então, os seminaristas ficam tocados e afetados pelas energias *pneumatóforas*: os anos do seminário são *períodos espirituais* que abrem um espaço privilegiado ao Espírito Santo. Ele é o artífice indispensável e insubstituível da verdadeira formação do seminarista, tendo em vista sua conformação ontológica com Cristo.

Por fim, tanto a formação inicial como a formação permanente devem ser *pneumatóforas*. O *formando/educando* deve fazer suas as virtudes, os dons, os frutos do Espírito Santo por meio de uma ação sintônica com ele e com suas normas. O *formando/seminarista* é aluno de Cristo e, de algum modo, sempre o será em sua vida já como sacerdote, porque sempre estará aprendendo do Único Mestre. A formação do seminarista não pode consistir somente em algumas aulas teóricas, mas também em aulas práticas de amor a Deus e aos demais, de oração e de vida.

7. Matrimônio e Espírito Santo

Com o passar dos séculos, e por diversos motivos, o Espírito Santo foi perdendo importância nos rituais ocidentais do matrimônio, até que os gestos e os ritos pneumatológicos caíram em desuso.

a) Nos rituais pré-tridentinos e pós-tridentinos, ainda podemos encontrar alguns exemplos explícitos da união entre *Espírito Santo e Matrimônio*. Nestes se previa a celebração da missa votiva do Espírito Santo como preparação para o Matrimônio.[22] Às vezes, em tais rituais aparece uma oração sobre o anel nupcial e sobre os que vão usá-lo, na qual se invoca a ação santificante do Espírito, para que, fortalecidos pelos dons do Espírito, e por sua bênção, sejam protegidos até a vida eterna.[23]

Outro ritual antigo contempla uma dupla imposição das mãos do sacerdote sobre os esposos. Aí também se pode observar uma referência implícita à ação "consagrante" do Espírito.[24]

---

[22] LSC = A. CASTELLANI, *Liber Sacerdotalis, nuperrime ex libris Sancte Romane Ecclesie et quarundam aliarunt ecclesiarum; et ex antiquis codicibus apostolice bibliothece...*, apud heredes Petri Rabanis: et socios excudebant, Venetiis 1523, fol. 33 v: "Na celebração atual das bodas, deve-se fazer orações e, principalmente na missa, celebrar a missa votiva do Espírito Santo"; RS = J. A. card. Santori, *Rituale Sacramentorum Romanum, Gregorii Papae XIII Pont. Max. Iussu editum*, Romae 1584, 504: "Aproximando-se a celebração das núpcias, deve-se insistir na oração dos esposos... e se pode celebrar a missa do Espírito Santo".

[23] Assim, LSC fol. 35r e RS 508-509: "Criador e conservador do gênero humano, doador da graça espiritual, autor da salvação eterna: digna-te, Senhor, enviar do céu o Espírito Santo Paráclito e tua santa bênção sobre este anel; para que estes, igualmente armados de um poder celestial e defendidos por tua proteção, recebam para a vida eterna o favor de tua bênção. Por Jesus Cristo, Nosso Senhor".

[24] Assim, LSC fol. 38r: "Depois o sacerdote coloca suas mãos sobre as cabeças de ambos, primeiro do varão e depois da mulher, dizendo: em nome do Pai e do Filho e do Espírito Santo". E mais adiante continuará: "E elevando as mãos e estendendo-as sobre suas cabeças, diz: Deus de Abraão, Deus de Israel. Então o sacerdote de novo toca as cabeças de cada um, primeiro do varão, depois da mulher, e diz: Deus de Abraão, Deus de Isaac, Deus de Jacó, envia tua bênção sobre estes que se casam: e a semente da vida eterna em suas mentes...".

Na atualidade, o *Ritual do Matrimônio* (RMa), em sua primeira edição, além das *fórmulas trinitárias*, acompanhadas do sinal da cruz,[25] possui tão somente uma menção explícita ao Espírito Santo na bênção solene, no final da celebração eucarística. Nela, une-se diretamente o amor cristão dos esposos com a ação do Espírito Santo: "O Espírito Santo sempre permaneça em vós com seu amor".[26]

b) O Ritual do Matrimônio entende a celebração deste sacramento como uma ação de graças na qual se expressa a vida litúrgico-cultual dos cônjuges cristãos; celebração que é obra do Espírito Santo e que se concretiza no permanente amor doado e sacrificado dos esposos.

Há três centros de interesse litúrgico-celebrativos que dinamizam o Ritual do Matrimônio.

- O primeiro centro de interesse é o da relação entre o sacramento do Matrimônio com o Batismo-(Confirmação), de um lado, e com a Eucaristia, de outro.

A saudação breve aos noivos e aos presentes, que este Ritual propõe, explica que o Matrimônio é, para os cônjuges, um *enriquecimento* e um *robustecimento* de quanto já fizeram no Batismo-(Confirmação).[27] Assim, pois, o Matrimônio, que em si mesmo já é um sinal, mediante a fé e o Batismo, chega a ser agora *sinal eficaz*, isto é, sacramento da consagração definitiva: "Igreja doméstica".[28] Tal consagração conjugal encontra sua

---

[25] Cf. RMa, n. 38.50.71.

[26] RMa, n. 43.

[27] Cf. RMa, n. 26.

[28] Cf. LG 11b, que define a família como "a Igreja doméstica", e *Apostolicam Actuositatem* 11c, que a define como "o santuário doméstico da Igreja". Definições semelhantes estão presentes repetidamente na exortação apostólica de João Paulo II, *Familiaris consortio*, nn. 21, 38, 48, 49, 51, 52, 53, 55, 59, 61, 65, 86.

coroação semanal com a participação na Eucaristia, perfeição máxima da união conjugal. Esta união se renova na Eucaristia, para que se realize o Pentecostes do Espírito com sua vinda e seus múltiplos dons. Assim se compreende como o rito comum e próprio para o Matrimônio seja celebrado dentro da missa.

- O segundo centro de interesse é o da relação entre família/ Igreja doméstica e Igreja universal. Assim como São João Crisóstomo afirmou que o Matrimônio cristão é um misterioso ícone da Igreja, e a Igreja, conforme as palavras de Hipólito, encontra-se além, onde floresce o Espírito Santo, deve-se dizer que o Matrimônio é o *Pentecostes conjugal,* e a vida matrimonial é (deve ser) o lugar onde reina o *ágape pneumatóforo.* O Espírito age no amor conjugal como agiu sobre as águas no dia da criação.

Descobrir no Matrimônio cristão a presença do Espírito é descobrir o poder divino que palpita nos cônjuges; uma presença extensível a todos os membros da família cristã. Crer que o Espírito Santo age na família, "Igreja doméstica", é situar a família na Igreja universal, reunida e animada pelo Espírito.

- O terceiro centro de interesse que coloca em destaque a relação entre o Matrimônio e o Espírito Santo é a comparação litúrgica entre Oriente e Ocidente. Aí é onde se descobrem os valores pneumatológicos da linguagem litúrgica, e que não temos sido capazes de aceitar e compreender, deixando escapar a oportunidade de fazer de nossas celebrações ocidentais um lugar marcado pelo Espírito Santo. O Oriente sempre nos toma a dianteira nos gestos, expressões e ritos pneumatológicos.

c) Pode-se observar nas liturgias orientais três ritos que indicam a presença, a ação e os dons do Espírito Santo nos esposos que celebram suas bodas: a *coroação,* a *unção* com o óleo sagrado e, antes de tudo, a *vestição* dos noivos.

- Segundo a tradição oriental, as respectivas fórmulas invocativas do Espírito na coroação dos esposos se dirigem às coroas e aos esposos.[29] Na antiguidade, era normal invocar o Espírito sobre (as) realidades (materiais), para obter, assim, o efeito da santificação. Tais invocações epicléticas suplicavam a bondade do Senhor, que manda seu poder, ou antes, a graça do Espírito, sobre as coroas com as quais serão coroados seus servos, ou, antes, para que os esposos fiquem abençoados com a graça e o poder do Espírito Santo: tanto é assim que a coroação se identifica com a celebração do Matrimônio. Este ritual é próprio dos ritos bizantinos (grego, eslavo, itálico...), armênio, copto, maronita e siríaco oriental. As fórmulas, às vezes, enumeram todos os efeitos da coroação, que se identificam com os múltiplos dons do Espírito, como, por exemplo, alegria, justiça, força, concórdia, virtude, sabedoria, inteligência, etc.

  A tradição popular ocidental, não unida à liturgia, cristalizou tais práticas ao colocar na noiva uma espécie de coroa com flores de laranjeira. O significado original da coroa era pneumatológico; a coroa da esposa era até mesmo comparada à coroa das virgens.

- A unção com o óleo sagrado traz aos esposos santificação, pureza, afastamento dos maus espíritos, ou seja, o óleo dos *Espíritos santos* é portador de misericórdia e de bondade. Esta unção é própria do rito copto; assim os esposos são ungidos reis, profetas e mártires em seu estado matrimonial.

- Com a bênção das vestes nupciais se pedem os mesmos efeitos que na coroação. Assim, o rito copto dirá que estas vestes são vestes de glória e de salvação, de alegria e júbilo:

---

[29] Entre outras coisas, atribui-se ao Espírito Santo o poder de coroar; ainda melhor, ele é quem coroa os vencedores. Cf. SÃO CIRILO DE JERUSALÉM, *Catequese XVII. Sobre o Espírito Santo II.*

expressões idênticas às das fórmulas da coroação. Por outro lado, na vestição da esposa do rito armênio, diz-se: "Hoje... o Espírito desceu...; hoje se festeja com alegria a vinda do Espírito Santo".[30]

Nossa tradição popular põe sua atenção especialmente no vestido da esposa. Dever-se-ia recuperar o significado que tem em relação à veste batismal (crismal-eucarístico) e a seu conteúdo pneumatológico, equiparando-o às tradições orientais. O Ocidente litúrgico antigo e medível parece ter centrado o sentido pneumatológico do Matrimônio somente na bênção do anel nupcial. De fato, em diversos rituais editados por Martène, comprovamos reiteradas vezes esse enfoque pneumatológico sobre o anel conjugal ao invocar sobre ele a vinda do Espírito Santo Paráclito. Evidentemente, tal invocação pretende sublinhar que o Espírito Santo é quem pactua a fé e a fidelidade. Infelizmente, a validade da bênção e do intercâmbio das alianças não se manteve no atual Ritual romano.

A relação entre o *Espírito Santo e o Matrimônio* deve explicar-se em uma catequese litúrgica adequada.

d) Os cônjuges cristãos devem estar conscientes de quão necessário é "viver em graça" para não possuir indignamente a *energia viva* que o Espírito comunica como sopro vital na procriação. Os cônjuges, mais do que saber serem instrumentos do Espírito Santo, podem ser uma fonte inexaurível de virtudes, que transformem os sinais da vida cotidiana em realidades de novidade. Os esposos cristãos vivem com os sinais espirituais dos tempos. A ação educativa adquire transparência e chega a ser reflexo da presença e da ação do Espírito Santo.

---

[30] Cf. A. RAES, *Le mariage, sa célébration et sa spiritualité dans les Églises d'Orient*, Éditions de Chevetogne, Paris 1958, 78.

A vida conjugal cristã é uma *sintonia* e uma *sinergia* contínua com o Espírito na busca vocacional dos filhos, na transfiguração cotidiana das "pequenas cruzes", no jubiloso pentecostal diário de "graça sobre graça", tendo em vista a progressiva maturidade do Matrimônio, até chegar a uma vida *sinfônica*, como deixa entrever uma bela expressão litúrgica copta: "Os esposos, cetro do Espírito Santo, bendigam a Deus em todo momento; com salmos, hinos e cânticos inspirados, dia e noite, incessantemente unam suas vozes". De fato, o Matrimônio é um carisma cujo signo é a união de sentimentos, a harmonia, a concórdia dos esposos.[31] Em outros termos, os cônjuges, por meio de seu sacerdócio batismal e crismal (da Confirmação), na *Igreja*, são louvor a Deus pelas coisas maravilhosas que o Espírito Santo vai operando neles.

A vida conjugal é o reflexo da vida trinitária. Os esposos manifestam seu afeto na fecundidade, na comunhão e na unidade, na luta diária, na educação constante. E tudo isso graças à ação, presença e influência do Espírito Santo.

Na celebração do Batismo, o Espírito expira, manifesta-se para levar a Cristo, para submergir a pessoa em Cristo; na Confirmação, Cristo submerge o fiel no Espírito. É a manifestação estendida da força do dom. Também neste sacramento, o Espírito Santo é dado para que o fiel possa ser mais capaz do dom, da acolhida do dom, da administração do dom; na Eucaristia, dá-se a maior das manifestações do Espírito Santo. Ele manifesta-se nas pessoas e nas coisas, na Igreja e no cosmos; ele transforma toda a realidade, concretamente, em pão e vinho.

---

31 Cf. ORÍGENES, *Comentário sobre Mateus 14,16.*

Espírito Santo e Liturgia

No sacramento da Penitência, manifesta-se o Espírito renovador para o louvor da misericórdia do Pai em Cristo. O orvalho benéfico do Espírito é a remissão dos pecados. Cristo, pela força do Espírito, reabilita o fiel para que redescubra e renove sua própria dignidade como Filho de Deus. Na Unção dos Enfermos, manifesta-se o Espírito fazendo com que o fiel se assemelhe a Cristo sofredor e, assim, complete o que falta à paixão de Cristo.

No sacramento da Ordem, o Espírito oferece a um fiel a máxima diaconia de Cristo Sumo Sacerdote, para que, ministerialmente, sirva os outros *in persona Christi*; no Matrimônio, manifesta-se o Espírito na aliança eclesial-nupcial, ou seja, ele iguala os cônjuges a Cristo-Igreja e instaura no sinal conjugal uma Igreja doméstica, isto é, uma família.

Capítulo 7

Os sacramentais da Igreja, sopros do Espírito Santo

O Espírito Santo é o motor que move a vida da Igreja e do cristão. Também exerce seu poder e força salvadora através dos sacramentais, mas não à moda dos sacramentos, mas pela oração da Igreja. A graça divina nasce do Mistério Pascal (paixão, morte e ressurreição de Cristo) de quem recebe sua força todos os sacramentos e sacramentais para a santificação do homem e para o louvor de Deus (cf. SC 61).

Os sacramentais são sinais sagrados com os quais se expressam efeitos espirituais obtidos pela intercessão da Igreja. Foram instituídos por ela para santificar os ministérios eclesiais, os estados de vida e as circunstâncias várias da vida cristã.

Costumam ser orações acompanhadas de um sinal determinado: aspersão com a água, o sinal da cruz, a imposição da mão etc. Na realidade, todo batizado é uma *bênção*, como falam as Sagradas Escrituras, que durante a vida necessita continuar bendizendo-se. Também as coisas, os objetos, os lugares podem ser abençoados, visto que "toda bênção é louvor de Deus e pedido para obter seus dons" (*Catecismo da Igreja Católica*, 1671).

Algumas bênçãos têm um alcance permanente: seu efeito é consagrar pessoas a Deus e reservar para o uso litúrgico objetos e lugares.

Aqui vamos apresentar três sacramentais importantes: a Consagração das Virgens, o Exorcismo e a Dedicação de uma igreja. O influxo do Espírito Santo é mais do que evidente nestes três sacramentos.

1. O Espírito Santo e a vida consagrada

A vida consagrada sempre é querida por Deus; aqueles cristãos que a escolhem o fazem por amor e porque querem levar uma vida dedicada totalmente a ele.

O cristão que decide ser religioso e a cristã que decide consagrar sua virgindade experimentam uma mudança do próprio ser; uma transformação, inclusive, na forma de organizar sua vida; por assim dizer, deixam de ser deste mundo para dedicar-se às realidades divinas. Portanto, a resposta que o consagrado voluntariamente dá ao chamado de Deus é de amor infinito à Trindade e às coisas trinitárias. Daí que a virgindade consagrada e, em resumo, a vida religiosa sejam um *memorial* celebrado em comum pelo poder trinitário, especialmente do Espírito Santo.

Assim, pois, aqueles cristãos que decidem abraçar a virgindade e a vida religiosa convertem-se em sinais da ação do Espírito Santo.

1.1 A virgindade consagrada é dom do Espírito Santo

Na virgindade consagrada se manifesta o Espírito, fazendo com que cada *virgem* perpetue a virgindade de Maria. O Espírito é quem consagra virgens pelo Reino dos céus, concedendo este dom a quem ele quer.

Por isso, São Cirilo de Jerusalém dizia: "Se por acaso sentes desejos de abraçar a virgindade, pensa que é o Espírito Santo quem está a sugerir-te isso".[1] Daí também que a *Solene oração consecratória*, proposta

---

[1] SÃO CIRILO DE JERUSALÉM, *Catecheses ad illuminandos* 16,18.

ESPÍRITO SANTO E LITURGIA

pelo *Ritual da Consagração de Virgens* (RCV), aponte para a ação do Espírito Santo como artífice da vocação à virgindade.[2]

Essa oração fala também de *bênção*, de *proteção*, de *auxílio*, termos que se revelam eminentemente pneumatológicos, visto que aludem à descida do Espírito.[3] Tanto neste Ritual como no *Ritual da Profissão Religiosa* (RPR), o *dom do Espírito Santo* é invocado repetidamente. E a palavra *dom* tem conotações específicas: *doação completa*, perseverança, fidelidade, compromisso e testemunho de Cristo.

Em conclusão, a *comunicação do Espírito Santo*, na pessoa que consagra sua virgindade, é fonte de novidade. Em resumo, trata-se de entender que a virgindade consagrada é fruto da *epiclese* do Espírito.

1.2 A virgindade consagrada é presença permanente do Espírito

Na liturgia, a presença do Espírito é *conatural* à própria realidade litúrgica. Tal presença aparece, por excelência, na celebração litúrgica, em concreto, quando se invoca ao Pai sua presença com a eucologia. A *epiclese* tramita essa presença *invocada/rezada* do Espírito na ação litúrgica. Contudo, essa presença não se efetua apenas no momento celebrativo (*durante* a celebração), mas a antecede (*antes* da celebração) e prolonga-a (*depois* da celebração). Em todo momento, o Espírito Santo é o protagonista da vida do consagrado. A ação do Espírito precede o momento celebrativo quando a pessoa se entrega antes do ato oficial a uma vida segundo os conselhos evangélicos. No entanto, esta ação se

---

[2] RCV 34: "Vós, porém, Senhor, *derramastes* a vossa graça sobre todos os povos e suscitastes de entre todas as nações herdeiros da nova aliança mais numerosos que as estrelas do céu. Entre os dons que concedestes aos vossos filhos, gerados não do sangue nem da vontade da carne, mas *do vosso Espírito*, brotou também para alguns corações este dom da vossa liberalidade".

[3] RCV 34: "Concedei, Senhor, a vossa graça e proteção a estas vossas servas que imploram o vosso auxílio e desejam que a vossa bênção confirme e consagre o seu propósito..." etc.

verifica, efetivamente, na celebração, quando o Espírito abraça o consagrado e inunda-o com sua presença visível e vitalizante.

A virgindade consagrada é *fruto* do Espírito, é *constância* no Espírito, é *entrega* total a Cristo com o Espírito. A virgindade consagrada é *maternidade* pela força do Espírito. Por isso, na homilia proposta para o dia de sua consagração, diz-se que as virgens *serão mães espirituais por amor a Cristo*. Por meio do ministério episcopal, *o Espírito Santo Paráclito hoje as consagrará com um novo título à Majestade divina e com uma nova unção espiritual*.

Para justificar isso, podem-se propor *duas pistas metodológicas* que destacam a presença e a ação do Espírito Santo em relação à virgindade consagrada. Logicamente se encontram nos *Rituais*.

- A celebração tem alguns sinais e gestos litúrgicos cujo significado é pneumatológico e procede das Sagradas Escrituras. Por exemplo, a prostração, o estar de joelhos, a extensão das mãos, a entrega do véu e a entrega do anel.

- O *véu* das virgens significa o Espírito Santo que, com sua sombra, cobriu Maria, modelo de virgindade consagrada (cf. Lc 1,35); ou *a elevação/extensão das mãos*, variante da imposição, como *figura metafórica* da mão direita de Deus e de seu dedo.

- Nos *Rituais da Consagração de Virgens e da Profissão Religiosa*, a maioria destes significados está mais centrada em Cristo; contudo, não resta dúvida de que o pano de fundo condensa todo seu porte pneumatológico.

- *A terminologia empregada* também tem relação com a ação do Espírito Santo. Por exemplo, a palavra consagração: virgens consagradas ao Senhor, consagração virginal, consagrar a castidade, consagrar-se ao serviço da Igreja e de todos os homens etc.

Em resumo, o Espírito Santo está presente na *Virgindade consagrada: suscita*-a e *fomenta*-a, *consagra*-a, *sustenta*-a, *alimenta*-a.[4]

O religioso e a virgem consagrada manifestam e visibilizam publicamente esse dom recebido do Espírito Santo. A virgem converte-se em uma pessoa consagrada pela própria presença e ação do Espírito Santo, liberta seu coração, tende cada vez mais às realidades que abraça e as entende sempre mais. O Espírito Santo busca reciprocidade entre ele e os corações das virgens que se entregam; anima seu *sinal*; impulsiona com bom atino seu estado permanente de doação; vivifica e renova seu interior; reforça sua personalidade.

Em uma palavra, quem vê uma pessoa dignificada pela virgindade cristã, vê um sinal do Espírito; e quem se aproxima dela, descobre o mistério do Espírito Santo.

1.3 A vida religiosa, ícone trinitário

Na vida religiosa, a manifestação do Espírito Santo tem como fim perpetuar ou continuar o estilo de vida de Cristo, segundo os carismas e formas que o Espírito Santo vai suscitando com o passar dos séculos, mas sempre se adequando aos tempos.

Hoje, mais do que nunca, o religioso ou a religiosa devem estar conscientes de que Deus é o *motor de sua existência*. Por isso, deve ser uma pessoa que se deixa guiar pelo Espírito e se apresenta diante do mundo como reflexo da glória divina. Em resumo, os religiosos são aqueles que tornam visível para a humanidade a bondade e a beleza da Trindade.

O religioso foi *chamado* e *consagrado*; chamado para uma missão concreta, na qual vive e atualiza sua consagração. Tem a missão de evangelizar segundo seu próprio carisma; carisma que foi dado pelo

---

[4] Além do mais, há outras citações no RCV 34 e 74, em que se afirma: "... se não fordes vós, Deus de bondade, a *acender* nela o amor à virgindade... e a conceder a *fortaleza* no seu propósito...". As palavras em destaque desta frase demonstram ser tipicamente pneumatológicas.

Espírito Santo. Desse modo, busca a *fé*, a *unidade*, a *comunhão eclesial*, a *disponibilidade* e o *serviço*.

Estes aspectos são o ponto central da vida religiosa, podendo-se afirmar que são *frutos da Trindade*. Ou melhor, a vida religiosa tem sua *origem* na Trindade.

a) *Filhos do amor trinitário.* Deus cria porque quer; sua ação é *absoluta*, *gratuita* e *livre*; enquanto a ação, por parte do homem, é *relativa* (pode ou não acolher a Deus). Na realidade, Deus-Amor cria a pessoa humana *por* amor, *com* amor, *para que* ame. O homem, cada dia, realiza a si mesmo mediante respostas de Amor a Deus (cf. 1Jo 4,10.19: "Nisto consiste o amor: não fomos nós que amamos a Deus, mas foi ele quem nos amou e enviou-nos seu Filho como vítima de expiação pelos nossos pecados. Quanto a nós, amemos, porque ele nos amou primeiro"). Esta resposta ajuda sempre a pessoa no itinerário de descobrir-se como ícone do verdadeiro Deus, que é liberdade absoluta. O homem também é livre, visto que sempre *busca* e *discerne* entre o bem e o mal. Quando o homem, nesta *busca*, encontra sua liberdade e opta, abre-se à vocação.

b) *A vocação concreta do religioso está enraizada na Trindade.* O Espírito infunde sempre seus dons e carismas, especialmente a fé, a esperança e a caridade naqueles que habitam nele (cf. Rm 8,9; 1Cor 3,16; 2Tm 1,14). O Espírito Santo intercede pelo religioso, dá-lhe força, vai renovando-o, transforma sua vida e lhe abre a porta para o Pai, a quem reza e invoca desde o dia de seu Batismo.

A vida religiosa está destinada a prolongar a vida e o estilo de Cristo na atualidade. Por isso, o religioso deve garantir a presença salvífica de Cristo Redentor no mundo de hoje. Sem dúvida, tem a missão de fazer *eco* a Cristo: que ressoe seu nome aos quatro ventos; se não for assim, o religioso corre o risco de esvaziar-se, de perder o fascínio e deixar-se fatigar por este mundo no qual foi colocado, já sem pertencer a ele.

c) *O religioso, acólito da Trindade.* A missão do religioso é expressão visível, perene, atual do amor que o Filho tem ao Pai na unidade do Espírito Santo, amor que o Filho visibilizou em sua vida terrena. O religioso é, ao mesmo tempo, verdade do Pai, do Filho, do Espírito Santo, por ser *reflexo* do amor do Pai, *acólito* do Filho e *amor difuso* do Espírito Santo derramado nele por meio do mesmo Espírito (cf. Rm 5,5). Falemos agora de sua relação com as três pessoas.

O religioso é verdade do Pai, uma vez que é ícone de sua misericórdia, de sua *paternidade* e *maternidade.* Ainda mais, o religioso, com seu carisma, manifesta a beleza libertadora e a liberdade surpreendente da relação filial, não servil; serviçal, não escravizada; amorosa, não receosa entre Deus Pai e as responsabilidades que o religioso precisa assumir no que faz. Em uma palavra, a vida religiosa é manifestação do Pai porque o dá a conhecer ao mundo.

Em relação ao Filho, partilha seu sacerdócio batismal com o sacerdócio, realeza, profecia e martírio de Cristo. Numa palavra, o religioso é *Cristóforo,* portador do Senhor. Com as obras e com os ensinamentos, dá testemunho de Cristo.

Por fim, no que concerne ao Espírito Santo, o religioso é um presente para a humanidade e, ao mesmo tempo, este presenteia o Espírito Santo. A vida do presbítero se alimenta da força do Espírito Santo e sua formação permanente está sob seu *alento pentecostal.* Portanto, a vocação religiosa está impregnada e embebida *do* Espírito Santo e *pelo* Espírito Santo, a ponto de sua existência ser incompatível com todo tipo de hipocrisia. Quanto mais dócil, disciplinado, disponível, dilatável ao

Espírito Santo for o religioso, tanto mais seu carisma se esclarecerá, se consolidará, se tornará apostólico. O religioso é *pneumatóforo*, portador do Espírito Santo.

d) *Uma vida em fraternidade e amor*. Para que a vida religiosa seja deveras ícone trinitário, deve-se viver o amor. O religioso precisa viver o *amor* que as Pessoas Divinas *vivem* entre si, *viver por amor de forma ilimitada, viver com amor* os planos que a Trindade formou nele. A direção espiritual e a celebração verdadeira, digna e autêntica dos sacramentos é sua ajuda e alimento. Mais: *viver o amor* é aperfeiçoar a consciência verdadeiramente cristã e ajudar os outros a assumir, a formar-se, a educar-se com uma consciência delicada. A delicadeza é questão de amor.

2. O Espírito Santo no exorcismo maior

Jesus lutou contra o demônio. Os evangelhos de São Mateus e de São Lucas (Mt 12,22-32; Mc 3,23-30; Lc 11,17-23) transmitem as discussões havidas entre Jesus e seus inimigos, nas quais lhes recordava que se ele expulsava os demônios, era *em virtude do Espírito Santo* (Mt 12,28), ou, antes, pela presença do *dedo de Deus* (Lc 11,20). Essa imagem do *dedo de Deus* já se encontra em Ex 8,15 e Sl 8,4, e indica a Pessoa Divina do Espírito Santo.

O *Ritual do Exorcismo* (REx) apresenta alguns temas interessantes sobre a relação exorcismo e Espírito Santo.

2.1 Exorcismo: atuação eclesial de Cristo, pela força do Espírito Santo

O "decreto" de promulgação do REx (pp. 12-13) recorda que, na Igreja, foram instituídos os exorcistas que, *imitando o amor de Cristo*, em nome de Deus cumprem o mandato de expulsar os demônios.

ESPÍRITO SANTO E LITURGIA

Esta afirmação é de capital importância para compreender a atuação da Igreja. Ela recebeu de Cristo o mandato de expulsar os demônios (cf. Mt 10,1.8; Mc 3,14-15; 6,7.13; Lc 9,1; 10,17.18-20); por isso, age "em nome de Jesus... pelo poder do Espírito Santo" (REx 7). Jesus enviou a seus discípulos "o Espírito Santo Paráclito, que procede do Pai pelo Filho" (REx 6), entre outras coisas, para expulsar o príncipe deste mundo: *o maligno* (cf. 1Jo 5,19). Ele já foi julgado e expulso deste mundo, não tendo agora nenhum poder sobre Cristo, Rei do Universo, porque por meio dele foram criadas todas as coisas, celestes e terrestres, visíveis e invisíveis, tronos, dominações, principados, potestades; tudo foi criado por ele e para ele (cf. Cl 1,16.7).

Se por um homem entrou o pecado no mundo, e pelo pecado a morte (cf. Rm 5,12), também pela Encarnação de Cristo e por sua Paixão, Morte e Ressurreição se salvou o homem da corrupção. Graças a ele, o ser humano pode chegar a ser filho adotivo de Deus (cf. Gl 4,3-5) e vencer os poderes das trevas que dominam o mundo (cf. Ef 6,10-13). Cristo venceu ao ser tentado por Satanás (cf. Mt 4,1-11; Mc 1,12-13; Lc 4,1-13). Mais ainda, com o poder de Deus e de seu Espírito, Cristo expulsou-o de sua vida para fazer, assim, a vontade divina (cf. Lc 11,20; Mt 12,28).

Especialmente no evangelista Lucas, sublinha-se que Satanás tentou Cristo até mesmo na Paixão (cf. Lc 4,13; 22,53), ou seja, no ápice de seu Mistério Pascal. Pelo depósito da fé cristã, sabe-se que Cristo venceu o mal por meio do mesmo Mistério Pascal cumprido por ele, e partilha sua vitória com os redimidos por seu sangue. Estes agem como ele agiu, fazendo o bem e libertando os oprimidos pelo diabo (cf. At 10,38; 26,18; Cl 1,13). Por outro lado, Cristo instruiu e instou aos Doze e aos demais discípulos que lutassem contra o demônio (cf. Lc 9,1; Mt 10,1; Mc 6,7).

Ele instaurou um reino de fé que chegou aos confins do mundo, a fim de reduzir a presença ativa do demônio (cf. Mc 16,17). A fé da Igreja primitiva *crê, celebra* e *vive* uma série de aspectos, queridos por Cristo, que não podemos esquecer também hoje em dia. Estes se resumem da seguinte maneira:

a) a necessidade de rezar para libertar-se do mal (cf. Mc 16,17);

b) a compreensão de viver sob o amparo de Cristo, mediador do Pai, para proteger-se do maligno (cf. Jo 17,15);

c) a persuasão de que o príncipe deste mundo foi expulso por meio de Cristo (cf. Jo 12,31);

d) a necessidade de expulsar demônios em nome de Cristo, como ele fez (cf. Mc 16,17);

e) A convicção certeira de que os cristãos também podem *vencer* aquele que é mais forte do que eles (cf. Lc 11,21-22), mas não mais forte do que Cristo (cf. At 16,16-19), em razão de Cristo e de sua autoridade, e pela força do Espírito Santo.

Estes cinco pontos incidem na autêntica especificidade e novidade da atuação cristã, que sempre está em relação com o modo de agir de Cristo, e que continua vigente para os cristãos de hoje. Por conseguinte, temos de convencer-nos de que tudo o que Cristo fez em sua vida, a Igreja, *em seus fiéis* e *com eles*, continua realizando hoje, mas sempre em um contexto litúrgico-vital. Isto nos leva a revisar a história e suas formas de exorcismos, para redescobrir suas celebrações litúrgicas. Tanto os sacramentos como os sacramentais precisam de *Cristo*, da Igreja e do ser humano (cristão) para poder realizar-se, fazer memória, visibilizar-se e trinitarizar-se.

2.2 A presença e a unção do Espírito Santo no Ritual de Exorcismo

O REx é muito rico em referências ao Espírito Santo. Se o compararmos com o ritual anterior, de 1614, vemos que o atual o supera quanto à pneumatologia.

Durante a celebração de um exorcismo, há cinco momentos nos quais se menciona o Espírito Santo:

- No final dos salmos, com a conclusão doxológica "glória ao Pai, e ao Filho e ao Espírito Santo...".

- No *sinal da cruz*, ao persignar-se, ao aspergir, ao benzer, ao usar a *fórmula imperativa*, quando a cada invocação das Pessoas Divinas, faz-se o sinal da cruz.

- Na recitação do *Credo* ou *Símbolo de fé*, quando se recorda o Espírito Santo.

- Na profissão de fé eclesial, em que a Igreja *crê* firmemente que *há um só* Deus verdadeiro, Pai, Filho e *Espírito Santo*.

- Na *súplica litânica*, na qual se menciona o Espírito Santo, e nas invocações a Nosso Senhor Jesus Cristo.

Os gestos e os ritos revelam também a presença e a ação do Espírito Santo:

- A *imposição de mãos*, em que se fazem seis invocações, das quais ao menos três são expressões pneumato-epicléticas.

- O *sopro ou insuflação*. Este gesto optativo tem conotações bíblicas tanto na Criação como na Redenção; todos eles em razão do Espírito Santo. O REx recorda que a *imposição de mãos*, sinal claramente pneumatológico, vem acompanhada do sopro. De fato, o REx 25, depois da imposição das mãos, diz: "Ao mesmo tempo pode *soprar* para a face do atormentado".

- A *água*. O exorcista pode benzê-la dizendo: "... infundi sobre este elemento natural o poder da vossa † bênção" (REx 41). Os efeitos da água benta são de tipo espiritual, pela presença da *força divina*, que é o Espírito Santo. A água benta, inclusive, tem relação com as *águas vivas que sempre brotam salvadoras*, recordando a promessa de Jesus de dar aos seus a água (que é, em seguida, o Espírito Santo) para a vida eterna, como se lê em Jo 4,14.

- O *sal* abençoado, misturado com água, recorda-nos que, "mediante a aspersão purificadora do sal e da água, sejamos livres do poder do inimigo e sempre protegidos pela presença do Espírito Santo".

Os ritos e gestos unem-se às palavras, ou melhor, os ritos alcançam seu verdadeiro significado pelas palavras, ou seja, as palavras realizam e dão sentido ao rito. Tal como os ritos, as palavras, orações e invocações do REx são pneumatológicas, embora nem todas. No entanto, em geral, toda eucologia deste ritual tem um aspecto pneumatológico.

2.3 A invocação do Espírito Santo nas fórmulas do exorcismo

As orações do REx se dividem em duas: as três *deprecativas* e as três *imperativas*. O Ritual denomina-as *fórmulas do exorcismo*.

Seu uso depende da natureza para a qual foram criadas (cf. REx 28). Por isso, podemos afirmar acerca desta natureza:

- *Fórmula deprecativa:* "pela qual se invoca a Deus" que liberte o exorcizando.

- *Fórmula imperativa:* "pela qual, em nome de Cristo, conjura-se diretamente o diabo para que saia do fiel atormentado".

E quanto ao *uso* propriamente dito: "Não se utilize a fórmula imperativa *senão depois de se dizer a fórmula deprecativa*". Contudo, "a fórmula deprecativa pode ser utilizada *sem* a imperativa".

Uma análise interna das fórmulas deprecativas nos leva a afirmar que são eminentemente pneumatológicas. Efetivamente, o REx apresenta o quadro sintético seguinte:

Espírito Santo e Liturgia

Fórmulas do exorcismo	
Fórmula deprecativa	Fórmula imperativa
REx 61 (p. 34-38)	REx 61 (p. 36-37)
REx 81 (p. 63)	REx 82 (p. 64)
REx 83 (p. 65-66)	REx 84 (p. 66-67)

2.3.1 Fórmulas deprecativas

Apresentam-se com determinada estrutura, com alguns elementos relevantes: 1) o apelo *a Deus Pai*, visto que é a ele que nos dirigimos continuamente; 2) a mediação de Cristo, visto que as três fórmulas deprecativas se concluem dizendo "por Nosso Senhor Jesus Cristo"; e 3) as referências ao Espírito Santo com fórmulas epicléticas. Por exemplo:

Enviai sobre ele(ela) o vosso Espírito Santo,

para que o(a) fortaleça no combate,

o(a) ensine a orar na tribulação

e com a sua poderosa proteção o(a) defenda (REx 61).

Enviai, Senhor, o Espírito da verdade,

que o vosso Filho prometeu aos seus discípulos;

enviai o vosso Paráclito do alto dos Céus,

de onde precipitastes como relâmpago o diabo;

enviai o Espírito Paráclito, a fim de que afaste para longe

o acusador e opressor da nossa natureza humana

e nos conserve livres de todo o mal (REx 81).

Despertai o vosso poder

e enviai o Espírito Santo Paráclito,

para que expulse, com a sua força,

toda opressão do diabo

e desfaça as suas insidiosas astúcias,

de modo que este vosso servo (esta vossa serva)

possa dedicar-se dignamente ao vosso serviço

com espírito generoso e sincero (REx 83).

Estas orações podem ser consideradas epicléticas, ou seja, sublinham a natureza do exorcismo na ação/presença do Espírito Santo. Sua presença *fortalece, ensina* e *fortifica* (cf. REx 61) o atormentado; *afasta-nos* de Satanás (cf. REx 81,83), *faz com que evitemos todo mal* (cf. REx 81) e destrói *as insidiosas astúcias* do diabo (cf. REx 83).

Em uma palavra, a simples presença do Espírito Santo repele a presença de outros espíritos que não são nem santos nem santificadores.

2.3.2 Fórmulas imperativas

Estas orações são diferentes das anteriores, as deprecativas, e se apresentam diretamente dirigidas a Satanás. O mandato parte do exorcista que, com bondade e com a autoridade do Deus Uno-Trino, ordena ao demônio que saia e se afaste do fiel atormentado.

Aparecem expressões pneumatológicas, como, por exemplo:

(Satanás) *reconhece o Espírito da verdade e da graça,*
que desarmou as tuas ciladas e desfez as tuas mentiras (REx 62).

Sai dele(dela), espírito imundo,
dá lugar ao Espírito Santo (REx 82).

Portanto, retira-te, em nome do Pai †
e do Filho † e do Espírito † Santo.
Dá lugar ao Espírito Santo,
por este sinal da santa † Cruz de Nosso Senhor Jesus Cristo.

Antes de mais nada, a fórmula diz:

Dá lugar a Cristo,
no qual nenhum vestígio das tuas obras encontraste (REx 84).

As fórmulas imperativas dirigem-se a Satanás. Nominam-no como *Satanás* ou também como inimigo da salvação humana, príncipe deste mundo, trapaceiro do gênero humano, antigo inimigo do homem, pai da mentira, espírito imundo, inimigo da fé, adversário do gênero humano, raiz do mal, sedutor dos homens, serpente maldita etc.

Além disso, estas fórmulas imperativas não só se concluem com a *mediação de Cristo* como também a ação de Cristo está presente de diversas maneiras ao longo da própria fórmula/oração. Transcrevo as conclusões das fórmulas imperativas, ou seja, das *mediações de Cristo*:

Por isso, afasta-te, Satanás [...]
pelo sinal da santa Cruz de Nosso Senhor Jesus Cristo.
Ele que vive e reina pelos séculos dos séculos (REx 62 e 84).

... o manso Cordeiro por nós imolado,
Jesus Cristo, nosso Senhor.
Ele que vive e reina pelos séculos dos séculos (REx 82).

Por último, as expressões verbais, utilizadas nas fórmulas imperativas, sem contar os qualificativos depreciativos dirigidos a Satanás, provêm das fórmulas exorcísticas passadas, usadas no transcurso dos séculos: *eu te conjuro, reconhece, sai, afasta-te, retira-te, eu te ordeno, isto te ordena, emudece, foge* etc.

Em conclusão, as *fórmulas deprecativas* salientam, de modo direto, a intervenção do Espírito Santo. Por isso, possui as expressões epicléticas.

As *fórmulas imperativas* reforçam a ação de Cristo, o Ungido do Espírito Santo. A ação exorcística eclesial está em contínua ação crístico-pneumatológica.

Portanto, o binômio "Espírito Santo e exorcismo" é inseparável, visto que o Espírito leva toda a criação até Cristo, Rei do Universo.

2.4 No Espírito Santo se compreende a oração do exorcismo

Quando se age *in persona Ecclesiae*, como no caso da celebração litúrgica do exorcismo, destaca-se a fé de *Cristo total*. De fato, a Igreja pratica o exorcismo em nome de Jesus; mas ele só age quando sopra o Espírito Santo. O fiel pode utilizar privadamente as *súplicas* que o REx oferece na luta contra o mal (cf. *Apêndice* II).

A fé da Igreja se relaciona com o Deus Uno-Trino e com Cristo, Rei da criação; e é Cristo quem expulsa os demônios em virtude do Espírito.

A ação que a Igreja realiza por meio do exorcismo recorda que nossa meta é Deus-Tripessoal, e não os *ídolos* que existem na atualidade. Além do mais, a Igreja professa que o poder de Satanás não é infinito, mas está subordinado à vontade e ao domínio de Cristo. A Igreja, ao celebrar os sacramentos, professa que o príncipe deste mundo foi julgado, vencido e expulso (cf. Jo 16,11). A presença e a ação de Cristo, em seus sacramentos, são a continuação de sua vinda que destrói todo mal (cf. 1Jo 3,8).

Com o exorcismo, a Igreja continua tal ação para além dos sacramentos, a fim de:

- *vencer e destruir* as atitudes depravadas dos homens contra a fé em Deus Uno-Trino. O sacramental/exorcismo é, especificamente, crístico e cristão;

- *continuar* no tempo e no espaço o que Cristo fez;

- *visibilizar a ação* do Espírito Santo no mundo. Ele guia-nos para Cristo-Igreja, desfazendo todo mal. O Espírito Santo é o agente; a Igreja invoca-o; diante dele cedem todos os espíritos imundos.

Em outras palavras, Cristo, sentado à direita do Pai, intercede por nós (cf. Hb 7,25; Rm 8,34) e se une à Igreja quando ela invoca o poder infinito de Deus.

Portanto, o exorcismo desempenha um papel fundamental para a pastoral da Igreja. Este papel une-se também com a constante necessidade que temos de Deus para ajudar-nos: *purificando-nos* a mente e o coração (*dimensão descendente* ou *de santificação*), *reforçando* nosso caminho espiritual (*dimensão horizontal* ou *de compromisso*), e *abrindo-nos* a seu amor para adorá-lo (*dimensão ascendente* ou *de culto*).

Estas três dimensões estão vivificadas pela presença e pela ação do Espírito Santo.

3. Sois templos do Espírito Santo. A Dedicação das igrejas

Tudo na Igreja é sacramental porque toda a atividade dos membros do Corpo do Senhor tem de visibilizar e proporcionar a salvação, servir ostensiva e eficazmente a ela, que foi anunciada pela Boa Notícia da Páscoa. A Dedicação de uma igreja visa a essa salvação na convocação da assembleia, a fim de prestar culto ao Pai em *espírito e verdade*. Esta celebração constituiu sempre uma das maiores de sentido e solenidade.

No começo do séc. XX se viu a necessidade de uma liturgia viva, na qual a comunidade inteira de crentes pudesse participar ativamente. Buscava-se ativar todo o corpo da Igreja e despertar nos fiéis o sentido de como eles são a Igreja reunida, que adora seu Senhor. A partir daí, predominou e desenvolveu-se a ideia de unidade, de Igreja como comunidade de salvos e associada à obra divina de salvação. Ademais, a concepção da Igreja como mistério e como povo de Deus deu lugar a uma visão mais bíblica, mais sacramental, mais antropológica, mais escatológica.

A Dedicação de uma igreja é um dos momentos eclesiológicos e litúrgicos mais expressivos e vivos da celebração da Igreja. Podemos encontrar o sentido da assembleia reunida, o sentido do culto cristão, a presença de Cristo e do Espírito Santo no espaço celebrativo e em cada um de nós. A oração litúrgica da Dedicação, juntamente com a Eucaristia, é o centro da vida eclesiológica.

3.1 A Igreja reza e celebra o Espírito Santo

A igreja, edifício visível e casa, é a comunidade cristã reunida para escutar a Palavra de Deus, rezar unida, receber os sacramentos e celebrar a Eucaristia. Por isso, é sinal peculiar da Igreja que peregrina na terra e é imagem da Igreja celestial.

Cristo é templo e altar, pedra principal da edificação eclesial. O Senhor Ressuscitado é o único templo, Cabeça do corpo novo. A Igreja reúne-se em sua casa, em uma casa familiar, desde as origens. Não se reúne em um lugar alheio, separado, exclusivo para a divindade, segundo a concepção pagã ou a do Antigo Testamento. A casa da Igreja é símbolo dela mesma, revela seu mistério. A assembleia é o principal e o determinante, a que lhe confere caráter e sentido, e expõe a função da *casa de oração*, onde se reúnem os discípulos em nome do Senhor Jesus, os adoradores do Pai em *espírito e verdade*.

A Igreja é enviada, pelo Espírito, para anunciar a Boa Notícia: a notícia do Ressuscitado. O Espírito Santo sustenta a Igreja e a convoca; impulsiona seus membros para Deus Pai.

O Ritual de Paulo VI sobre a Dedicação de uma igreja não tem a concepção de uma consagração de muros ou de um edifício, como antes. Agora, a Dedicação é da comunidade, da *Ecclesia*, de seus membros, que são pedras vivas de um edifício sustentado pelo Espírito Santo. A comunidade é o verdadeiro templo do Senhor, é o símbolo da igreja-edifício. No fundo, dedica-se e apresenta-se a comunidade a Deus, porque os que a compõem são as pedras vivas que sustentam a Igreja; e isto, como é lógico, graças ao sopro do Espírito que age nas pessoas.

3.2 A plenitude em Cristo, templo e altar; o culto em espírito e verdade

No tempo do Novo Testamento, há continuidade, visto que Cristo está no meio de nós, e superação no que diz respeito à mediação da presença de Deus no meio de seu povo.

Jesus de Nazaré teve uma atitude de aceitação perante ao templo: vai até lá para anunciar sua Boa-Nova, mas o critica e o purifica. Segundo Jo 1,4, a glória de Deus mora no *Logos encarnado* (antes era na tenda do Sinai e no templo; agora a glória de Deus está no próprio Cristo). Não se deverá adorar nem em Jerusalém nem em Garizim, porque vem a *hora* (a Páscoa de Jesus) de adorar o Pai em *espírito e verdade*, ou seja, adorar o Pai em Cristo pela força do Espírito.

A destruição do templo de Jerusalém é a verificação da história terrestre da Páscoa e a inauguração do novo templo. Agora existe uma nova assembleia universal no momento que o templo se rasga, deixando de conter, com exclusividade, a presença divina (Mc 15,38).

Jesus entrou no templo definitivo, o céu, como sacerdote para oferecer o sacrifício definitivo e eterno: uma vez para sempre (Hb 4,14– 5,10; 10,8; 9; 10,1-18; 13,10-13).

"Nós somos o templo de Deus vivo" (2Cor 6,16); Jesus Cristo é a pedra angular, viva; os cristãos são pedras vivas, *edificados por Deus como templo do Espírito.* Somos comunidade sacerdotal de Deus. Somos Corpo do Senhor (1Cor 6,15) e cada fiel é templo do Espírito Santo (1Cor 6,19).

O culto verdadeiro, espiritual, do cristão consiste em oferecer a si mesmo como vítima viva, santa e agradável a Deus (Rm 12,1).

3.3 A presença de Cristo e do Espírito Santo no espaço celebrativo

A igreja-edifício deverá revelar à comunidade seu próprio mistério de ser Igreja, e há de anunciar ao mundo a bênção de Deus revelada em quem é sua Palavra, sua expressão visível, feita carne para pôr sua tenda de peregrino no meio de nós (Jo 1,14). A igreja-edifício é manifestação de Deus (casa e templo de Deus) para o mundo circundante, e é lar familiar para a Igreja-comunidade, autorrevelação de seu próprio mistério, Casa da Igreja em seu pleno sentido: Casa do Povo de Deus reunido, imagem de sua edificação em Cristo e símbolo na terra da Jerusalém celestial.

Com essa função simbólica, a igreja-edifício deve conjugar a funcionalidade de seu espaço, destinado à celebração. Funcionalidade para a celebração e beleza reveladora do mistério da Igreja formulam o plano central da construção das igrejas cristãs.

Quanto à funcionalidade para a celebração: o altar (símbolo de Cristo sacrificado e comungado, tem de atrair a atenção de toda a Igreja reunida); o ambão (para anunciar a Palavra viva de Deus: dali, Cristo continua a anunciar seu Evangelho); a sede (na pessoa de seu ministro ordenado, Cristo, Cabeça e Pastor, Sacerdote e Mestre, preside a assembleia, que é seu Corpo unido e congregado).

Quanto à beleza, que seja um lugar acolhedor, revelador da missão da Igreja, aberto à arte contemporânea; deve servir à celebração, acompanhar e expressar, simbólica e belamente, os divinos mistérios que nele a Igreja celebra.

O Espírito une a humanidade e a divindade no ventre de Maria, na Pessoa divina de Jesus. A ação do Espírito Santo concretiza-se em ligar intimamente os membros vivos do Corpo de Cristo em unidade entre eles e com Cristo.

É o Espírito quem vivifica as pedras, que são os fiéis, depois de havê-los escolhido, e os ajuda a crescer e a edificar-se em templo espiritual, em cidade santa, ou seja, a Igreja.

Ele desce para purificar as pessoas do pecado. Ele submerge-as nas águas do Batismo a fim de emergi-las para Cristo; as faz morrer com Cristo e as ajuda a ressurgir para a vida nova; torna-as templos santos do reino de Cristo.

O fiel é chamado a ser templo santo, altar vivo do Espírito Santo, e a ser membro de um povo consagrado a Deus, em razão do Espírito Santo. Ademais, animado pelo Espírito, cresce no amor divino. O amor, a glória e a liberdade (próprios da vida divina) refletem-se na assembleia; ela é ícone trinitário, espelho de Deus.

3.4 A oração da Dedicação de uma igreja

A celebração da Eucaristia é o rito máximo e o único necessário para dedicar uma igreja, segundo a tradição eclesial; contudo, recita-se uma oração peculiar de dedicação, na qual se expressa a vontade de dedicar para sempre a igreja ao Senhor e se pede sua bênção.

Inspirada no prefácio ambrosiano da Dedicação, desenvolve a teologia do mistério da Igreja, cujo sinal é a igreja-edifício, e evoca todos os benefícios que os homens virão buscar na casa de Deus.

Além disso, há outros ritos, tais como a unção, a oferenda do incenso e a iluminação, todos eles inseridos entre a liturgia da Palavra e a da Eucaristia.

Deus, santificador e guia de vossa Igreja,

com festivo precônio é-nos grato celebrar vosso nome,

porque hoje o povo fiel com rito solene deseja

consagrar-vos para sempre esta casa de oração,

onde venha vos adorar, instruir-se pela palavra,

alimentar-se pelos sacramentos.

ADOLFO LUCAS MAQUEDA

Este templo é sombra do mistério da Igreja,
que Cristo santificou com seu sangue,
para trazê-la a si qual Esposa gloriosa,
Virgem deslumbrante pela integridade da fé.
Mãe fecunda pela virtude do Espírito.

Igreja santa, vinha eleita do Senhor,
cujos ramos cobrem o mundo inteiro,
e as seus sarmentos, sustentados pelo lenho,
com leveza eleva até o Reino dos céus.

Igreja feliz, tabernáculo de Deus com os homens,
templo santo, que se constrói com pedras vivas,
firme sobre o fundamento dos Apóstolos,
com Cristo Jesus, sua grande pedra angular.

Igreja sublime, construída no cimo do monte,
visível a todos, a todos radiosa,
onde refulge perene a lâmpada do Cordeiro,
e, delicioso, ressoa o cântico dos eleitos.

Suplicantes, pois, nós vos rogamos, Senhor:
dignai-vos inundar esta igreja e este altar com santidade celeste,
que sejam sempre lugar santo
e mesa perenemente preparada para o sacrifício de Cristo.

Aqui, as ondas da graça divina sepultem os delitos,
para que vossos filhos, ó Pai, mortos para o pecado,
renasçam para a vida eterna.

Aqui, ao redor da mesa do altar,

celebrem vossos fiéis o Memorial da Páscoa

e se alimentem no banquete da palavra e do corpo de Cristo.

Aqui, como jubilosa oblação de louvor,

ressoe a voz dos homens

unida aos coros dos anjos.

E suba até vós a prece incessante pela salvação do mundo.

Aqui, os pobres encontrem misericórdia,

e todos os homens se revistam da dignidade de vossos filhos,

até que, exultantes, cheguem àquela Jerusalém celeste.

Por Nosso Senhor Jesus Cristo, vosso Filho,

na unidade do Espírito Santo.

A oração merece ser relida e comentada brevemente. As orações principais ou consecratória dos sacramentos e sacramentais têm três partes: a *anamnese*, a *epiclese* e a *aitese/petição*.

a) *Anamnese bíblico-litúrgica:* a primeira parte é composta de cinco primeiras estrofes, encabeçadas pelo vocativo ou louvor – Deus –, seguido das expressões: "Este templo é sombra do mistério da Igreja, Igreja santa, Igreja feliz, Igreja sublime". Os verbos aparecem, normalmente, no indicativo. Apela-se a Deus Pai e recordam-se (memorial) as maravilhas operadas por Deus em relação à Igreja. A palavra Igreja é escrita com letra maiúscula, visto que é manifestação de Cristo, que a santificou com seu sangue. A Dedicação é feita para sempre, visto que se visibiliza a união entre Cristo e sua Igreja. Isto é uma alegria para todo o povo que trabalha e prepara este dia tão solene. Desse lugar, pode-se orar, escutar a palavra, celebrar os sacramentos. A terceira estrofe é a parte ambrosiana da oração, na qual se alude, ademais, à Constituição *Lumen Gentium*. Aparecem em toda esta parte ressonâncias bíblicas, sendo a quarta estrofe a chave que une a todas. Em resumo, quer-se dizer que da Igreja terrena se passa à celeste, como se insinua na quinta estrofe, com algumas alusões tiradas do livro do Apocalipse.

b) *A invocação epiclética, o envio do Espírito Santo:* a sexta estrofe é propriamente a oração epiclética, quando se invoca o Pai para que inunde de *santidade* a igreja e o altar. Não se menciona o Espírito Santo, mas a palavra *santidade* faz referência a ele. O altar é o coração da igreja. Na realidade, a comunidade cristã reúne-se no altar, um altar que é mesa, convite e sacrifício.

c) *A aitese, petições que visam à ação oblativa de Cristo pela Igreja:* os verbos desta terceira parte vêm no subjuntivo; são uma espécie de desejos e petições nas quatro estrofes finais. A primeira estrofe desta parte (a sétima da oração) tem alusões ao Batismo (ondas de graça, sepultar os delitos); a subsequente fala da Eucaristia como memorial pascal, em que se escuta a Palavra e se come. A penúltima estrofe é escatológica: a Igreja peregrina está em sintonia com a celestial; primeiro celebra a celestial e, em seguida, a terrenal. Não celebramos sozinhos; celebram também os que já chegaram à pátria do céu. E na última estrofe, é significativo o advérbio *aqui*. Tudo que vem antes, pede-se ao Pai que se realize aqui, nesta igreja. Todos têm o compromisso pessoal de interceder pelo mundo, consagrá-lo pela fé, esperança e caridade. Esta estrofe reforça o sacerdócio comum de que fala a *Lumen Gentium*.

O religioso, professo perpétuo, deve aspirar a passar toda a sua vida imerso em uma tonalidade festiva, comportando-se em tudo como cidadão de Deus e vivendo com alegria sua

ESPÍRITO SANTO E LITURGIA

ação de graças e louvores à Trindade. O Espírito Santo suscita-lhe um louvor que não conhece momentos de cansaço, fazendo-o emanar continuamente (em toda situação); concede-lhe formulá-lo com simplicidade e o faz sentir-se enriquecido de seus dons.

O próprio Cristo expulsa o demônio com o *dedo de Deus* (cf. Lc 11,20). Esta expressão serve para indicar a ação do Espírito Santo.

Quando a Igreja, obedecendo à vontade de Cristo, celebra o exorcismo de um possuído, e também o exorcismo dos candidatos que devem ser batizados em água e em espírito (cf. Mt 3,11; Jo 3,5; 1Jo 5,6), celebra-o em razão do Espírito Santo.

A vontade da Igreja de continuar tudo o que Cristo fez é uma obediência à Palavra de Deus, que recorda que toda a criação está aguardando, em ansiosa espera, a revelação dos filhos de Deus (cf. Rm 8,18-19). Isto só é possível graças ao Espírito.

As ações da Igreja e, portanto, as próprias do exorcismo, realizam-se sempre *em nome* da *força* e da *autoridade* das Pessoas divinas: *em nome do Pai e do Filho e do Espírito Santo*. Esta é a fórmula mais genuína e original de todo exorcismo, e da qual emanam todas as outras fórmulas do exorcismo que, sem sombra de dúvidas, podem ser chamadas de fórmulas epicléticas.

Na oração de Dedicação de uma igreja, pede-se a Deus que se faça presente nessa casa de oração para que seja alimentada da Palavra e do Corpo de Cristo. Os cristãos, ao reunir-se na igreja cada vez que celebram os sacramentos, expressam uma igreja de congregados como povo sacerdotal. Nós mesmos, ao sermos *casa de Deus*, vamo-nos edificando durante esta vida, para sermos consagrados no final dos tempos.

HINOS AO ESPÍRITO SANTO

Não gostaríamos de terminar sem mais nem menos. Então, o livro conclui-se com uma série de hinos ao Espírito Santo, a título de estudo, contemplação e oração. Um espírito que é agente, porque está presente, e que se manifesta, porque é manifestante na celebração litúrgica, na assembleia, na cultura, nas pessoas.

1

Demos graças eternamente ao Pai da infinita misericórdia,
em união com seu Filho amado,
e o Espírito Santo, sua mão.
Obrigado, ó Espírito Santo, porque te manifestas na celebração
para *transformá-la* em um remanso de paz;
para *constituir* uma verdadeira assembleia que supere o caduco;
para *modulá-la* com uma amplitude de olhares.
Glorificamos-te, ó Espírito Santo,
sob cujo amparo a celebração
se *desenvolve* com força e fruto,
abre-se ao apostolado,
lutando contra a aridez espiritual de cada um;
adorna-se com a sabedoria de Deus para ser viva
e é *admirada* como uma realidade divina para o bem dos fiéis.

ADOLFO LUCAS MAQUEDA

Acolhamos e escutemos o Sagrado Espírito
que na celebração litúrgica
faz dos fiéis um *instrumento* da Palavra de Deus,
suscita a fé, a esperança e a caridade,
e *forma* as consciências cristãs.

Acolhamos e escutemos o Sagrado Espírito
que na celebração litúrgica
transforma o fiel em um crente melhor,
e, assim, vence os refluxos diários da perplexidade
e os insinuantes influxos da insegurança.

Acolhamos e escutemos o Sagrado Espírito
que na celebração litúrgica
dá força ao cristão,
para que seja mais virtuoso
em sua vocação e obediência a Cristo.

Acolhamos e escutemos o Sagrado Espírito
que na celebração litúrgica
muda nosso coração,
afasta-nos do supérfluo
e nos aproxima da bondade.

Acolhamos e escutemos o Sagrado Espírito
que na celebração litúrgica
desfaz as complicadas relações dos fiéis,
clarificando suas atitudes,
para torná-las mais transparentes.

Acolhamos e escutemos o Sagrado Espírito
que na celebração litúrgica
nos *ajuda* a ter os pés na terra,
mas o coração no céu.

ESPÍRITO SANTO E LITURGIA

Acolhamos e escutemos o Sagrado Espírito
que na celebração litúrgica
convida o cristão a ser santo e a sê-lo sempre mais,
convertendo-se, dia a dia, em outro Cristo.

Creiamos e professemos
o imperceptível Espírito Santo,
embora sempre presente e vital.

É a *suave memória* que nos salva
através dos mistérios celebrados;
é o *vivificador* da Palavra de Deus proclamada;
é o *suscitador* de impulsos novos.

A ele, escutemos, acolhamos, vivamos, louvemos, glorifiquemos,
constantemente e sempre
pelos séculos dos séculos.

2

Desejamos que todo aquele que *participar* da ação litúrgica, como membro *constituinte* da assembleia, possa encontrar-se em sintonia com a seguinte fórmula de *profissão de fé*.

Creio no *Espírito Santo*, que é Senhor e dá a vida
e procede do Pai e do Filho.
Creio em seu *Sopro* imperceptível, mas real e vital,
que me conduz a criar laços de união
com aquele que está a meu lado.
Creio na espiritual *Unção* do Espírito,
que me renova como membro de um povo sacerdotal,
real, profético, martirial,
para benefício de meus irmãos.
Creio na *Ação* direta do Espírito,
que une os crentes
em uma comunidade de salvos.
Creio Naquele que *congrega* a assembleia litúrgica,
para torná-la mais santa e gloriosa.
Creio no Espírito *Vivificador* da Palavra de Deus,
no *Suscitador* de energias novas,
para que a mesma Palavra seja celebrada
e praticada sempre de modo novo.
Creio no Espírito *Santificador* da assembleia,
para que, renovada por ele,
chegue a ser jovial difusora de vida.
Creio no Espírito *Animador* do culto novo e terno,
feito em espírito e vida para cada um dos fiéis.
Creio no Espírito *Mistagogo* dos mistérios de Cristo,
celebrados na ação litúrgica,
para o bem dos homens.

ESPÍRITO SANTO E LITURGIA

Creio no Espírito, *princípio* doxológico,
que aglutina as vozes dos fiéis
em uma só voz sinfônica que sobe ao Pai, por meio de Cristo.
Creio no *Espírito Santo* que congrega a assembleia litúrgica,
reúne-a, vivifica-a,
torna-a testemunha e missionária.
Creio na *Animação* apostólica de toda a assembleia litúrgica
e de sua missão em contínuo caminho de renovação.
Creio que a assembleia litúrgica,
constituída pelo Espírito Santo,
é a catalizadora de sua presença e ação,
de modo que chega a ser, ela mesma, a reveladora do Espírito, ou seja,
pneumatológica, pneumatófora.

3

Ó rosto santo de Cristo *paciente e glorificado,*
tu revelas o amor misericordioso da riqueza divina
para o bem da pobreza espiritual
e da miséria humana!

Ó rosto de *Cristo eucarístico,*
interseção do olhar do Pai
que olha para seu queridíssimo Filho com tua iluminação,
plasma teu rosto
nos rostos de todos os que te acolhem com sincero coração,
e nos rostos da humanidade inteira!

Ó rosto Santo,
permite que te adoremos
na Eucaristia, presença adorada, celebrada, participada!

Ó rosto de *Cristo espiritualizado,*
fruto da intervenção divina e da colaboração humana,
que atrais a humanidade de ontem, de hoje e de sempre,
continua a *infundir em nós* teus traços e feições,
até que te *configures* conosco
para que sejamos um contigo!

Ó rosto *Santo de Cristo, três vezes Santo,*
vínculo de união entre a divindade e a humanidade,
que sejas aclamado, louvado e glorificado
agora e sempre, pelos séculos dos séculos!

4

Ó Espírito Santo, que falas à Igreja orante,
sem distinguir raça, povo ou nação,
e escutas seus anseios, desejos, compromissos e cantos de louvor.

Sabemos que não te calas, nem de dia nem de noite,
com tua voz, reges as vozes de mil povos diversos,
e com tua melodia, levas a Igreja universal, esposa de Cristo,
para o coração do Esposo.

Ó Espírito Santo, que unes todas as culturas sob tua proteção
e te mostras nas celebrações litúrgicas,
fazendo-as mais sagradas e dignas.

Faz com que todos os povos descubram os tesouros de teus dons
e os abram à humanidade inteira
para que chegue ao conhecimento da verdade.

Afasta o ser humano todo obstáculo
que o impede de avançar e de progredir em teu amor.
Abre as mentes dos crentes para que tenham mais fé
e tato para adaptar a liturgia à própria cultura.
Que ninguém resista a ti!
Converte tua Igreja, dá-nos força,
e infunde em cada um novas energias e virtudes.

Ó Espírito Santo, que, com o Pai e o Filho,
chegas a todos os rincões da terra.

5

Creio no *Espírito Santo*, Senhor e doador de vida,
que procede do Pai e do Filho;
e *venero* Maria,
centro dos olhares do Pai, do Filho e do próprio Espírito.
Creio no *sopro* do Espírito Santo, imperceptível e vital,
que nos leva à união com Cristo e com os irmãos;
e *venero* Maria,
que reúne toda a humanidade em torno da Trindade.
Creio na *unção espiritual* do Paráclito,
com a qual se renovam os membros do povo
sacerdotal, régio e martirial;
e *venero* Maria,
Mãe do Sumo Sacerdote, Rei, Profeta, Mártir,
e primeiro membro do novo povo
por ele e nele constituído.
Creio na *ação* do Espírito
que concilia e unifica as pessoas de boa vontade
na comunidade dos crentes;
e *venero* Maria,
Mãe da humanidade, que reúne
os filhos dispersos
na unidade com o Filho.
Creio na *animação* espiritual apostólica de cada igreja local
e de sua missão no caminho da contínua renovação
por obra do Espírito Santo;
e *venero* Maria,
Rainha dos Apóstolos
e a primeira missionária portadora de Cristo
sob a moção do Espírito.

ESPÍRITO SANTO E LITURGIA

Creio na suave *memória* da Igreja,
como é o Espírito Santo;
e *venero* Maria,
Sede da Sabedoria,
que, com seu exemplo, recorda a seus filhos
o que são e o que devem ser.

Creio no *Vivificador* da Palavra de Deus;
e *venero* Maria,
que abrigou em seu seio a Palavra feita carne.

Creio no Espírito *suscitador* de novas energias
para que a Palavra seja vivamente praticada;
e *venero* Maria,
que serviu, meditou e fez frutificar
em seu coração a mesma Palavra.

Creio no Espírito *santificador* dos fiéis,
os quais, renovados por ele,
chegam a ser difusores de uma vida nova;
e *venero* Maria,
a Mulher Nova,
a Mãe dos viventes,
a Doadora da Vida.

Creio no Espírito *animador*
do culto novo e eterno, emitido em espírito e verdade;
e *venero* Maria,
de cujo ventre irrompeu o culto verdadeiro,
emitido pelo Ungido sumo e Eterno Sacerdote.

Creio no Espírito *princípio glorificante*
que entoa as vozes dos fiéis no uníssono sinfônico,
para que elas subam ao Pai, *em* Cristo, *com* Cristo e *por* Cristo;
e *venero* Maria,
para cuja glória as mesmas vozes subiram ao céu
com seu mais genuíno e humano frescor.

Creio no Espírito Santo, fonte de santificação,
que fez de Maria o lugar de sua epifania
e o sinal visível de sua presença e ação invisível.
Creio no *perene e litúrgico Pentecostes do Espírito Santo,*
que se realiza em cada celebração
para que o memorial da história da salvação se atualize;
e *venero* a presença de Maria
em cada assembleia litúrgica,
que nos leva a realizar o Pentecostes
agora e sempre,
pelos séculos dos séculos.
Por tudo isso, creio *no* Espírito Santo
que consumou, em holocausto,
o fruto do ventre de Maria
e continua consumindo-o no sacrifício espiritual
para aqueles que se confiam a ele,
a fim de serem, *com* Cristo, *em* Cristo, *por* Cristo,
oferenda agradável ao Pai.
AMÉM.

Rua Dona Inácia Uchoa, 62
04110-020 – São Paulo – SP (Brasil)
Tel.: (11) 2125-3500
http://www.paulinas.com.br – editora@paulinas.com.br
Telemarketing e SAC: 0800-7010081